全国高等院校通用教材

中国式摔跤教程

林乐海　龚茂富　郭阔　主编

中国大学生体育协会民族传统体育分会大学生摔跤专业委员会　审定

人民体育出版社

图书在版编目（CIP）数据

中国式摔跤教程 / 林乐海, 龚茂富, 郭阔主编; 中国大学生体育协会民族传统体育分会大学生摔跤专业委员会审定. -- 北京: 人民体育出版社, 2021 (2023.2重印)
全国高等院校通用教材
ISBN 978-7-5009-6052-2

Ⅰ.①中… Ⅱ.①林…②龚…③郭…④中… Ⅲ.①中国式摔跤—高等学校—教材 Ⅳ.①G886.2

中国版本图书馆CIP数据核字(2021)第116476号

*

人民体育出版社出版发行
北京新华印刷有限公司印刷
新 华 书 店 经 销

*

710×1000　16开本　13.5印张　251千字
2021年12月第1版　2023年2月第2次印刷
印数：3,001—5,000册

*

ISBN 978-7-5009-6052-2
定价：60.00元

社址：北京市东城区体育馆路8号（天坛公园东门）
电话：67151482（发行部）　　邮编：100061
传真：67151483　　　　　　　邮购：67118491
网址：www.psphpress.com

（购买本社图书，如遇有缺损页可与邮购部联系）

编委会

主　任：苏长来
副主任：赵　斌　　马世坤　　李全生　　董文侠
　　　　洪　浩　　司红玉　　张茂林

顾　问：董雅臣　　马建国
主　编：林乐海　　龚茂富　　郭　阔
副主编：马　可　　胡　宇　　董金蕾
　　　　杜显明　　康云涛

编　委（按姓氏笔画排序）：
　　　　马　莹　　马惊涛　　马廉祯　　王建华
　　　　王路遥　　朱金棒　　朱　磊　　庄长宽
　　　　刘俊杰　　李春雷　　李春木　　李　祥
　　　　杨振兴　　吴志鹏　　汪如峰　　张　纲
　　　　张梦瑶　　顾玉恒　　徐　军　　董海静
　　　　霍腾飞　　戴素果

前 言

《中国式摔跤教程》是根据新时代学校体育教材建设总体目标而组织编写的，即以立德树人为根本，培养德、智、体、美、劳全面发展的社会主义建设者和接班人，遵从学生年龄特点和身心发展规律，围绕课程目标和运动项目特点，推广中华传统体育项目，加强体育课程和教材体系建设。

中国式摔跤是我国民族传统体育的代表性运动项目之一，历史悠久、内涵丰富，也是我国各级各类学校体育课的教学内容的重要组成部分。近年来，在民族复兴和传承优秀传统文化的大背景下，越来越多的高校引入中国式摔跤教学。总的来讲，中国式摔跤在广大高校的开展还不够普及和深入。因此，如何做好符合时代需要和学生身心成长规律的高质量的中国式摔跤教材，以促进高校中国式摔跤教学发展，是当前值得认真研究与实践的重大课题之一。

在中国大学生体育协会民族传统体育分会的大力倡导与支持下，中国式摔跤教材编写委员会于2017年8月成立，并于2017年中国大学生中国式摔跤锦标赛期间召开了第一次编写研讨会，达成了共识并对分工和时间进度进行了部署。2018年1月，主要编写人员在北京对教材编写进行了进一步的深入研讨，并提出了具体意见。2019年6月，教材初稿形成，编委会对初稿全文进行了审阅讨论，提出了详细的修改意见。随后，经过编委会三次修订，于2020年12月定稿。

与已有中国式摔跤教材相比，这本教材知识建构更加系统，着重于学生专业素质教育和实践能力培养，突出时代性、科学性、基础性与系统性，以文字、图片与视频等形式全面地反映我国中国式摔跤教学与训练的理论和实践，更加切合高校中国式摔跤教学实际需要。本教材在理论部分论述更加系统深入，突出了礼仪规范内容，在技术部分传承了传统练功方法，精选了跤绊技术，整体上做到了全面、系统、深入、充实。同时，本教材引入二维码扫描视频播放技术，使中国式摔跤技术视频化，能够进一步满足教学需要，富有新意。

本教材适用于全国高等院校民族传统体育专业中国式摔跤教学，以及其他专业中国式摔跤普修或选修课程教学，同时，也可作为研究生研究中国式摔跤的参考资料。

在编写本教材的过程中，中国大学生体育协会民族传统体育分会、人民体育出版社、国家体育总局举摔柔运动管理中心、全国中国式摔跤发展委员会等给予了大力支持，同时，还得到了各编写人员所在院校及单位的大力支持与协助，在此表示衷心的感谢。

本教材的编写历经三年有余，是众多编写人员的集体智慧结晶。在编写过程中，还有很多参与者也作出了积极贡献，对他们的支持和付出一并致以真诚的谢意。

本教材由龚茂富教授统稿，由中国大学生体育协会民族传统体育分会大学生摔跤专业委员会审定。限于编者水平和时间关系，书中难免有不足之处，恳请读者批评指正。最后，真诚地希望广大师生和专家对本教材提出宝贵意见，以便我们今后对教材进行修订，并逐步加以完善和提高。

编委会

2021年2月14日

目 录

第一章 中国式摔跤概述 …………………………………………（1）

    第一节 中国式摔跤的概念……………………………………（1）

    第二节 中国式摔跤的特征……………………………………（6）

    第三节 中国式摔跤的价值……………………………………（10）

    第四节 中国式摔跤的流派……………………………………（13）

第二章 中国式摔跤的形成与发展 ……………………………（16）

    第一节 中国式摔跤的来源……………………………………（16）

    第二节 古代中国式摔跤的发展………………………………（17）

    第三节 近代中国式摔跤………………………………………（23）

    第四节 当代中国式摔跤的现状与国际化传播………………（25）

第三章 中国式摔跤礼仪规范 …………………………………（31）

    第一节 中国式摔跤礼仪综论…………………………………（31）

    第二节 课堂礼仪规范…………………………………………（33）

    第三节 比赛礼仪规范…………………………………………（38）

    第四节 日常礼仪规范…………………………………………（41）

第四章　中国式摔跤的服装与器械及传统练功方法 （45）

第一节　服装与器械 （45）
第二节　传统练功方法 （49）

第五章　中国式摔跤基本技术 （76）

第一节　跤架 （76）
第二节　基本步型与步法 （77）
第三节　基本把位与手法 （82）
第四节　基本技术动作 （89）

第六章　中国式摔跤的教学 （128）

第一节　中国式摔跤教学的基本特点 （128）
第二节　中国式摔跤教学的阶段和步骤 （130）
第三节　中国式摔跤教学的方法和手段 （134）
第四节　中国式摔跤教学课的任务与结构 （137）

第七章　中国式摔跤的训练 （140）

第一节　体能训练 （140）
第二节　技能训练 （149）
第三节　战术及其训练 （153）
第四节　运动员的心理训练 （159）
第五节　运动损伤及其预防 （164）

第八章 中国式摔跤竞赛的组织与裁判 …………………………（171）

　　第一节　竞赛的组织……………………………………………（171）
　　第二节　竞赛的编排……………………………………………（174）
　　第三节　竞赛规则简介…………………………………………（184）
　　第四节　裁判法…………………………………………………（191）

第一章　中国式摔跤概述

> 摔跤，是人类历史上最古老的身体运动之一，也是公认的世界上最早的竞技体育运动。它来源于人们的生产实践、军事格斗、宗教祭祀以及休闲娱乐等社会活动。世界上几乎每一个民族都有摔跤技艺，只是因生活方式、风俗习惯、历史文化的不同，从而形成了各具特色的摔跤形式。比如，源于古希腊的古典式摔跤（Graeco-Roman Wrestling）、俄罗斯的桑搏（Sambo）、日本的相扑与柔道（Sumo、Judo）、乌兹别克斯坦的克拉术（Kurash）、格鲁吉亚的卡克黑提安跤（Kakhetian Wrestling）等。据不完全统计，现在世界上传承下来并开展较好的摔跤运动有30多种。这其中就包括历史悠久且民族特色鲜明的中国式摔跤。

第一节　中国式摔跤的概念

一、中国式摔跤的历史沿革

中国式摔跤的起源可以追溯至上古时期。在狩猎中与野兽的厮杀以及人与人之间的贴身近搏中，人们在经验积累的过程中逐渐总结出了一些致使对方失去平衡的攻防技能，为中国式摔跤的形成奠定了基础。梁代《述异记》载："轩辕之初立也，由蚩尤氏兄弟七十二人，铜头铁额……耳鬓如戟，头有角。与轩辕斗，以角觝（抵）人，人不能向。[①]"最初，我们把这种以力相搏的角斗称为"角抵"[②]。这也是中国式摔跤的最初形态。后汉文颖注《汉书》云："名此乐为角抵者，两两相当角力，角技艺射御，故名角抵。"在历史上，除角抵外，类似今天中国式摔跤的技艺形态还有角力、手搏、相扑、争交、布库、撂跤、掼跤、摔角等。

先秦时期，"角抵""角力""相搏""手搏"交互始用，秦代正式定名

[①] 任昉.述异记[M].长春：吉林大学出版社，1992.
[②] 注：在古汉语中，"觝"同"抵"。

为角抵。《礼记·月令》载："孟冬之月，天子乃命将帅讲武，习射、御、角力。[①]"夏、商、周时期，作为军事武艺的重要组成部分，角力主要应用于战场以克敌制胜，因此自然是将帅讲武的重要内容。秦统一六国后，角力统称为"角抵"，且演变成一种娱乐性的表演活动。《汉书·刑法志》中记载："春秋之后，灭弱吞小，并为战国，稍增讲武之礼，以为戏乐，用相夸视，而秦更名为角抵，先王之礼没于淫乐中矣"[②]。裴骃《史记集解》引应劭曰："战国之时，稍增讲武之礼，以为戏乐，用相夸示，而秦更名角抵，角者，角材；抵者，相抵触也。"至汉代，角抵之戏虽一度被禁，但在社会上仍有传习。《汉武故事》记载："（角抵之戏）汉兴虽罢，然犹不能绝，至上复采用之，并四夷之乐，杂以奇幻，有若鬼神。"后由于汉武帝的喜爱，角抵戏兴盛起来，成为百戏中的代表性项目之一。在汉代，根据文献记载，还存在角力、摔胡、手搏、弁等活动。从历史文献记载看，角抵在魏晋南北朝时期仍是主流，南朝梁武帝与北朝北齐文宣帝都拥有一支"角抵队"警卫。但此时的民间已经开始出现了相扑的说法，角抵与相扑已经开始混用。

隋、唐时期"角抵"与"相扑"仍交相使用，但相扑逐渐占据了主流地位。据《隋书·礼仪志》记载，隋代宫廷之中仍设置有"角抵队"。唐朝除了军队士兵练习相扑外，至唐后期，在宫廷"教坊"设置了"相扑朋"用以专门管理相扑力士。这一时期出现了很多著名的相扑高手。对此，《角力记》中有着明确的记载。宋朝继承隋唐和五代遗风，相扑活动日益兴盛。角抵被统称为相扑、争交或角力，名称趋向于统一，"角抵"则成为"异名"或"古名"。《梦粱录》中说，"角抵者，相扑之异名也，又谓之争交。[③]"《事物纪原集类》中记载："角抵，今相扑也。[④]"《都城纪胜》"相扑"条解释说："相扑、争交，谓之角抵；别有使拳，自为一家，与相扑曲折相反。"宋代宫廷设有专门承应相扑差使的相扑手，名叫"内等子"，任"常侍"之职，隶属于御前忠佐军头引见司管辖。这些虎贲良将地位较高，主要在皇帝出行时担任护卫以及在宫廷宴会中进行表演助兴。宋代民间也十分盛行相扑，而且有女子相扑流行，他们还组成了专业的相扑组织"角抵社"，常在"勾栏瓦舍"进行表演。结社的发展标志着宋代相扑已完全从百戏中分离出来，发展成为一种具有比赛规则的技艺，《梦粱录》和《武林旧事》记载了宋代许多相扑好手。这一

---

① 河间献王，毛生.礼记·月令[M].北京：人民文学出版社，1986.
② 班固.汉书·刑法志[M].北京：法律出版社，1983.
③ 吴自牧.梦粱录[M].杭州：浙江人民出版社，1980.
④ 高承.事物纪原集类[M].四川：新兴书局，1969.

时期还流传下来了一部著名的记载摔跤的著作《角力记》,该书成书于9世纪后期,记载了我国从春秋、战国到五代十国时期的角抵历史,是今人研究摔跤历史的重要参考书籍。

辽、金、元时期,均实行"胡"、汉分制,对汉人实施禁武政策,汉族摔跤发展受到限制。《金史·章宗本纪》记载,明昌四年(1193年)"定制民间习角抵、枪棒罪"[①]。元朝沿袭金律,规定"凡诸民间子弟,习用角抵之戏,学攻刺之术者,师弟子并杖七十七……诸汉人持兵器者,紧之;汉人为军者不紧"。尽管被约束,但此时角抵作为汉人的摔跤传统,仍在民间社会被习练。但这一时期的主流摔跤,并不是角抵、相扑一类的形式。辽、金、元的建国民族契丹、女真与蒙古族均有着尚武的传统,尤好摔跤。女真人称其为"拔里速"戏,这与契丹人的摔跤应该有着一定的传承关系,同时也对元代的蒙古跤有着很大的影响。元代的蒙古跤与现在我们看到的蒙古跤并不一样,据考证它更像是自由式摔跤,倒地以后仍可以继续比赛。

明清时期,摔跤得到了广泛的推广,技法更加系统,规则也逐渐完善。明朝,禁止汉族习练角抵的法令被废除,有力地促进了这一时期摔跤的发展。摔跤在这一时期多以角抵、布库、相扑、掼跤、撂跤称之。明代以角抵为主,清代则以布库为主。一方面,宫廷之中仍好角抵,成立了专门的摔跤组织——"善扑营",而且角抵、布库是军队训练中重要的科目之一。《明史·江彬传》载:"每团练大内,间以角抵戏。"姚元之的《竹叶亭杂记》记载:"帝在内,日选小内监强有力者,令之习布库以为戏,鳌拜或入奏事,不之避也。拜更以帝弱且好弄,心益坦然。一日入内,帝令布库擒之,十数小儿立执鳌拜。"

另一方面,民间社会摔跤活动广泛流行。清朝李斗《扬州画舫录》记载乾隆年间扬州的民间相扑说,"两人裸体相扑,借以觅食,谓之'摆架子'"。"官跤""私跤"泾渭分明。清人梁章钜在《归田琐记》中说,"撂脚"乃"布库"之译语,"徒手相搏,而专赖脚力,以扑地为定"。清朝时,京城内外都有摔跤表演的场所,一些地方因摔跤之人聚集,而被称为"跤窝子"。民国以后,善扑营的解散使皇族摔跤技艺进一步向民间普及,直接促进了摔跤在民间社会的传承与发展,逐渐形成了北京跤、保定跤、天津跤三大流派。民国新武术创始人马良,将摔跤修订为"摔角",编订了《摔角》教材,使其成为学校体育课程中的重要内容,摔跤得到了一次普及与推广。民国时期,摔跤被誉为"国术",成为中央国术馆的重要教学与比赛内容之一。1929年,中央国术馆教务处下设拳术、器械、摔跤三科,有力地推动了摔跤的发

---

①脱脱.金史·章宗本纪[M].上海:中华书局,1975.

展。中华人民共和国成立后，为区别引进的奥运会项目自由式摔跤与古典式摔跤，历史悠久的摔跤被定名为中国式摔跤。1953年，中国式摔跤被列为国家体育运动竞赛项目，并举办了全国比赛。随后，建立了相应的竞赛体制与运动员等级制度。1957年，颁布了《中国式摔跤规则》，中国式摔跤被列入全运会体制，这使中国式摔跤在全国得到了极大的普及与提高，各省市都成立了专门的队伍。为了和奥运项目接轨，1993年七运会后，中国式摔跤退出了全运会，其发展进入低谷。各省市专业队陆续解散，中国式摔跤运动员纷纷转行柔道或自由跤与古典跤等项目。2001年开始，中国式摔跤逐渐走上了复兴之路，参与人数逐年增加，部分高校开设了单独招生，比赛也渐趋稳定，其价值系统再次得到肯定。2016年，中国式摔跤发展委员会成立，标志着中国式摔跤进入全新的发展周期。

在历史发展的长河中，中国摔跤经历了从"角抵"到"角力""手搏""相扑""争交""布库""撂跤""掼跤""摔跤""摔角""中国式摔跤"的历史变迁。在这一过程中，上述各种摔跤在表现形式与名称上存在着一定的差异，但诸多民族的摔跤技艺相互交融，最终形成了现在的"中国式摔跤"，它是多民族摔跤文化精华的综合体。中国式摔跤从最初的仅用于军事杀伐，到集格斗对抗、表演娱乐、健体修身、竞赛夺标、文化传承于一体，其技术体系与功能价值体系均逐渐完善。尽管中国式摔跤在不同历史时期的技术与功能有所侧重，但徒手摔倒对方的特征一直都未曾改变，而且最终形成了"一倒一立"，即合理使用技法造成对方三点着地，同时自身尽可能保持站立并不再进攻对方的技艺形式。

二、中国式摔跤的民族传统体育运动属性

中国式摔跤向体育的转化是近代发生的重要变迁。民国初期，济南镇守使马良发起了新武术运动，大力提倡摔跤。他下令让部下学习摔跤，以提高他们的格斗水平。1914年，马良组织专家编写了《摔角》《拳脚》《棍术》《剑术》四科《中华新武术》教材。1916年，经政府审查，《中华新武术》成为学校教授的参考用书，1918年，商务印书馆出版刊行了上述四科。1919年秋，《摔角》《拳脚》《棍术》《剑术》四科《中华新武术》成为全国学校统一使用的体育教材。从此，摔跤成为学校体育课程中重要的内容。

南京中央国术馆是民国时期特色鲜明的民族体育学校，时任教务长的马良将摔跤列为正式授课内容。《中央国术馆组织大纲》规定：地方国术馆也要组织相应的国术考试，以选拔优秀的国术人才。国术考试的科目，一般分为学科与术科两类。术科预试考摔跤、搏击、劈剑、刺枪、拳械五科。1931年，中央国术馆制定了摔跤的《国术考试细则（修正）》，这是第一部比较完整的中国摔跤规则。中华人民共和国成立后，中国式摔跤被列入高校单独招生项目。2014年，教育部高校学生司、国家体育总局科教司在《关于印发〈2015年普通高等学校运动训练、武术与民族传统体育专业招生管理办法〉的通知》（体科字〔2014〕190号）文件中规定，中国式摔跤成为武术与民族传统体育专业单独招生项目之一。目前，已有47所高等院校（其中高等体育院校14所、综合性大学33所）招收中国式摔跤专项的本科学生。中国式摔跤教育发展再一次迎来了新的机遇。

作为民族传统体育项目，中国式摔跤在教育体系中的育人功能得到最大的凸显。无论在技法、礼仪还是服装等方面，中国式摔跤的民族特色都非常鲜明。通过中国式摔跤功法、技法与对抗的修习，习练者的力量、速度、耐力、灵敏、柔韧、平衡等身体素质都可以得到明显的提高。不仅如此，对抗练习使同学们变得更加勇猛顽强，精神与心理素质得到了加强。中国式摔跤技法招招实用，属于实用性格斗术，输赢容易判罚，易于开展竞赛活动，能够体现出民族传统体育的竞技特性。中国式摔跤经过历史的积淀，技法极其巧妙，非常容易造成对手失去平衡而倒地。因动作科学合理，所以中国跤对对手的保护非常到位，安全系数高，因此，中国式摔跤体现了中华民族传统体育的基本特征。

三、中国式摔跤是优秀的民族传统文化

中国式摔跤不仅是一个体育运动项目，它还蕴含着浓郁的民族文化特征，拥有着深厚的传统文化内涵与理论基础，是优秀民族传统文化的典型代表。

中国式摔跤的历史如同中华文化的历史，在发展的过程中没有中断过，具备连续性与统一性。在吸收与融合了国内各民族摔跤技术的基础上，中国式摔跤汲取了传统儒学、道学、哲学、伦理学、兵法学、养生学等大量的传统文化理论，进而形成了独特的理论与技术体系。例如，中国式摔跤中的中和思想、阴阳平衡思想、整体劲力、武德跤品说、以巧取胜、鄙弃粗蛮、点到为止等，都从各个侧面反映了民族传统文化的精彩纷呈。

作为一种优秀的民族传统文化，中国式摔跤在物质文化、制度文化与精神文化层面形成了一套完整的文化结构。中国式摔跤服装是其物质文化的典型体现，它的形式在全球摔跤格斗体系服装中具有唯一性与独特性，这是因为它是从中华民族内部生发出来的一种民族服饰文化。中国式摔跤跤衣的做法与款式都是从清代善扑营服装延续继承而来，俗称"褡裢"。清乾隆年间进士赵翼的《行围即景·相扑》诗载："黄幄高张传布库，数十白衣白于鹭。衣才及尻露两裆，千条线缝十层布……"现在的跤衣仍然沿袭这一传统，采用白色布料缝制而成。中国式摔跤文化与宗教信仰有着千丝万缕的联系，其中充满了对自然、祖先与英雄的崇敬。例如，彝族火把节上的摔跤主要用来娱神、祈福；蒙古人则把"巴特尔"献给摔跤的勇士。此外，中国式摔跤中还体现出浓郁的中国人文精神。中国式摔跤中时刻都是有礼有节、点到为止，有劲而不粗野，艺纯熟而不轻浮，追求高尚的精神品位；以巧取胜，顺势借力，三点着地即停止进攻，体现了"礼为用，和为贵"的伦理观。

综上所述，中国式摔跤是在广泛继承与吸收中华各民族摔跤精华的基础上，经过整合提炼，形成了以摔法为技术核心，以快速制造对方失去平衡而倒地为技法特征，崇尚以巧取胜，并通过攻守练习达到对身心的修炼以形成完美品格的民族传统体育运动。

第二节　中国式摔跤的特征

中国式摔跤最大的特征主要表现在技术与民族文化两个方面。

一、中国式摔跤的技术特征

中国式摔跤属于一种站立式摔跤，要求遵从既定的规则将对方摔倒而尽可能保持己方站立。作为一项文明的格斗运动，中国式摔跤提倡干净利落，不砸不落，保护对手。因此，中国式摔跤运动在竞赛规则的引导下逐渐形成了自身的技术特征。

（一）技法丰富

从中国式摔跤技术的形成来看，其在纵向维度上历史悠久、绵延不断，在横向维度上各民族摔跤之间以及与周边国家摔跤的交流十分频繁。不仅如此，它还从其他格斗术中吸收了大量的技术充实其中，形成了踢、打、拿、摔的技术体系。在长期的实践过程中，中国式摔跤海纳百川，最终形成了丰富的技术累积。"大绊子三十六，小绊子赛牛毛"是中国式摔跤中的常用俗语，言下之意即是反映中国式摔跤技术的丰富多样。

(二)体系完整

中国式摔跤是一种具有完整体系的格斗运动,除了千变万化的摔跤技术体系外,还有功法体系与基本功体系。功法体系主要包括倒地功、腰功、腿功、皮条功、棒子功、推子功、石锁功、拧子功、重砖功、滑车功、地秤功、天吊功、大杆子功等功法。基本功体系包括大崴桩、小崴桩、钻子脚、盘腿、抽腿、踢、跪腿、过腿、扔空、跳崩子等。

(三)尚巧劲,处柔化

中国式摔跤崇尚"以巧破千斤"。单从技术上讲,中国式摔跤就是要把对方摔倒而自己保持不倒的艺术。破坏平衡与保持平衡都要通过重心的变化来实现,而且通过动态的调整来寻求平衡,这是一个极其巧妙的过程。因此,在摔跤的过程中,人不能过于僵硬,而是要任凭作用力传导而带来重心变化,进而造成对方失去平衡;要像水一样,通过技术的使用达到软化并改变力的方向或减弱作用力的目的,进而保持自身平衡,这也是所谓的以柔克刚。

尽管中国式摔跤还有"一力降十会"之说,但总体来说在技法的运用上还是通过推、拉、抬、压、旋转等多维度的力的巧妙运用,让对方雾里看花、疲于防守、露出破绽,进而再使用相应技术造成对方倒地。

二、中国式摔跤的民族文化特征

(一)多民族文化的融合

中华民族文化是多民族文化交融的统一体。在中华民族发展的历史长河中,中华传统文化将各个民族紧密地连接在一起,进而形成了特色鲜明的多元一体格局。在这一历史背景下,中国式摔跤正是在中原汉族摔跤的基础上,融合吸收了蒙、满、女真、契丹、匈奴、鲜卑、柔然、乌桓、藏、彝、维吾尔等多民族优秀摔跤技艺而形成的一项运动。这在当代中国式摔跤的服装、术语中仍有不少体现,比如,蒙古族摔跤穿的"卓铎格"是由契丹有遮乳小饼之皮衣演变而来,清代的褡裢又是从蒙古族的卓铎格演化而来。因此,现在的中国式摔跤跤衣是契丹—蒙古—满洲文化相沿融合传承的例证。

（二）以和为贵的道德实践原则

和为贵，出自《论语·学而》"礼之用，和为贵"，是儒家倡导的道德实践原则。中国式摔跤对抗激烈，尚巧处柔，不尚蛮力，因此并不粗野，反而比其他格斗项目多了几分雅致与君子之风。它讲究点到为止，三点着地即停止进攻，至于艺，合于道，充分体现了中国传统以和为贵的思想。因此，摔跤双方可以不伤害任何人，也不会怒目相向。因点到为止，所以"兼相爱，交相利"，进而促进情感的沟通与交流。在摔跤修习的过程中，以对抗实现了"不争"与"宽容"，达到了人与人之间的和谐，也增进了自我身心内外的和谐。

（三）太极阴阳哲理特性

中国式摔跤充分体现了太极阴阳平衡变化之理。在技艺上，中国式摔跤遵从太极阴阳变化法则，通过力与能量的巧妙运用，达到破坏对手平衡，使对方跌倒的目的。太极阴阳为中国传统哲学之根。太极是指派生万物的本源，"易有太极，是生两仪"，两仪即阴与阳。周敦颐在《太极图说》中阐释道："无极而太极，太极动而生阳。动极而静，静而生阴。静极复动，一动一静互为其根。""一阴一阳之谓道"（《易经·系辞》），太极阴阳说的正是变化之道。庄子评述角力说："且以巧斗力者，始乎阳，常卒于阴，大至多奇巧。"从中国式摔跤得分标准来看，除了两脚以外身体任何部位着地都要失分（跪腿技术除外），因此，保持自身平衡与破坏对方平衡就成为中国式摔跤技术的关键。由此引发出一系列技术，比如，推、拉、拨、带、拧、按、压、捅、掀、切、抱、勾、别、揣、入、踢、耙、搓、弹、闪、得合、挤、里刀、崴、搂等，以及动静、刚柔、虚实、进退、开合、屈伸、起伏、轻重、松紧等一系列阴阳变化。"反者道之动，弱者道之用"成为中国式摔跤战略实施的基本原则。中国式摔跤修习中，掌握这些阴阳变化之妙，是保持自身平衡与破坏对方平衡的要诀。

（四）格物致知观

格物致知观是中国式摔跤民族文化特征的又一重要体现。中国式摔跤所有的技法都是通过双人在相互的摔打中依据实际情况提炼升华而成。这恰好造就了中国式摔跤的实用特性。不但如此，对中国式摔跤的体悟与知性——获得智慧、心得感悟与知识，也只能在两两对抗交手中实现。"格物致知"语出《礼记·大学》，《全唐文》解释说："物者万物也，格者来也，至也。物至之时，其心昭昭然明辨焉，而不应于物者，是致知也，是知之至也。知至故意诚，意诚故心正，心正故身修……此所以能参天地者也。"[①]通过对手的配合，自我才能在摔跤中提升技艺与认识。这种通过实践探究中国式摔跤奥妙，最终获得智慧的方式是"诚意正心"的修持基础。因此，中国式摔跤也就具备了心性修为的根本，这无疑打通了中国儒、释、道三家之学，达到知行合一。

（五）整体思维观

中国式摔跤中蕴含着中华民族独特的整体思维观。中华文化注重整体思维，即认为整体是由各个局部按照一定的秩序组织起来的，要求以整体和全面的视角把握对象，整体思维作为中国传统哲学一种独立的思维方式，其特定的原则和规律可归纳为连续性、立体性与系统性三个方面。这种思维方式在中国式摔跤中的体现，即是任何一个技术的成功使用都是手、腰、腿、脚全身协同的结果，任何一个部位的正确使用都十分必要。比如手法，拿对了把位可能赢跤，拿错了把位则就要输跤，因而有"输跤不输手"之说。腿的重要性在摔跤中不言而喻，素有"手是两扇门，全凭腿赢人"之说。即使如此，因双脚是支撑平衡的关键，如果步法不到位，摔法的使用可能就很难一蹴而就。所以从技法的成功使用上可以看出，中国式摔跤必须是头、肩、手、腰、腿、脚全身连续性的变化促成的立体性的一气呵成的技术性呈现。

（六）求道修身观

中国式摔跤以跤载道，把明道修身作为它的终极追求。中国文化把"求道"作为一个最根本的旨归，道即是中国传统文化的最高境界。道家哲学认为，道既是宇宙的本质和终极价值，又是世界的根本法则与普遍规律。"道"在中国文化中具有特殊意义，甚至居于至高无上的地位。中国式摔跤"大绊子三十六，小绊子赛牛毛"，运用起来千变万化，而理唯一贯，这个"理"就是老子所说的"道"。"道生一，一生二，二生三，三生万物"，中国式摔跤

[①] 董诰，阮元，徐松，等.全唐文［M］.上海：中华书局，1983.

中这个根本的"理"生出了阴阳、动静、虚实、刚柔、开合、屈伸、起伏、轻重、松紧等保持平衡与控制平衡的互为因果的变化。

中国式摔跤之道是修习中国式摔跤的至高追求，它表现为通过修习中国式摔跤而获得的一种超越性的生命体验与人生价值，以及对天道自然和宇宙万物化生之理的体悟。中国式摔跤从来都不是好勇斗狠的手段，也不仅是健身、防卫和观赏的生存性活动，而是明道、求道、悟道、证道、行道、传道的手段与路径。

第三节　中国式摔跤的价值

中国式摔跤绵延数千年未曾中断，这说明它在很多方面能够满足社会发展的需要。中国式摔跤集格斗价值、健身价值、观赏价值、教育价值、经济价值于一身，是我国民族传统体育项目中的一朵奇葩。当前，中国式摔跤的发展仍处于弱势，其中很重要的一个原因在于人们对中国式摔跤的价值认识不够。

一、中国式摔跤的格斗价值

追根溯源，中国式摔跤从诞生的那一天起就是为了格斗而存在的。中国式摔跤重在通过一系列技术方法，破坏对手的平衡使其倒地。无论是日常生活中的私斗，还是战场上的决战，中国式摔跤都有着强烈的格斗使用价值。

原始角力是人与禽兽相搏、人与人争斗时使用的格斗技术。随着社会的发展，原始时期的角力从单纯的力气争斗、简单的技击动作，发展到斗智斗勇、以巧取胜的搏斗技术。据历史记载，先秦时期，角力已是军事训练项目。《礼记·月令》记载："孟冬之月，天子乃命将帅讲武，习射、御、角力。"可见，中国式摔跤原初即是以应用于战场并克敌制胜为目的。唐代，军士依然习练角抵（相扑）。而且唐代宫廷设有"相扑朋"。相扑手时常两两上场表演，必是"争勇进于帝"，于是出现了"碎首折臂者"的状况。[①]唐代中后期相扑高手辈出，《角力记》中对此有具体的记载。

明清时期，使对手跌扑倒地的摔跤，是徒手搏击术中应用最为广泛的技艺。《明史纪事本末》载，正德七年（1512年），武宗朱厚照"尝于西内练

---

①傅砚农.摔跤史话［M］.北京：社会科学文献出版社，2016：45.

兵，令（江）彬等率兵人习学营阵，校（较）骑射，或时为角抵之戏[1]"。清朝皇帝崇尚布库摔跤，以训练士兵的格斗能力，布库摔跤是士兵受检阅的重要军事格斗技能之一。清朝专门设立"善扑营"，摔跤的徒手格斗技能受到了极大的重视。

及至近代，中国式摔跤的格斗价值仍然受到很大的重视。1929年，中央国术馆专设摔跤一科，摔跤以其强烈的技击实用价值，受到高度认可，在术科考试中列有摔跤项目。

二、中国式摔跤的健身价值

自古以来，尽管摔跤一直是军事领域的重要训练科目，但其强身健体的价值并未被忽视。中国式摔跤是徒手相搏的身体技术，军事家孙武曾提出，"搏刺强士体"。可见，早在孙子时代，人们已经通过手搏等徒手格斗血腥格杀的残酷性，看到了它"强士体"的重要一面。正是因为其较高的健身价值，中国式摔跤在历史上才在民间社会被人们广为习练。《平乐观赋》中说，自汉武帝以后，"角抵奇戏增变，其盛益兴"。《荆楚岁时记》中记载："荆楚之人，五月间，相结伴为相扑之戏。[2]"可见相扑摔跤在当时社会的普及程度，另外，也折射出摔跤在古代为普通民众的身体健康促进起到了积极的作用。

中国式摔跤还吸收了中医养生中的精华思想，强调内外兼修、练养结合。中国式摔跤讲究柔韧、协调与力量同时进行，遵循养生学中人体生长运动规律，强调生命与自然的和谐发展。古语有曰："内练一口气，外练筋骨皮；宁长筋三寸，不长肉半分。"从事中国式摔跤训练对提高人体的心血管系统、神经系统、呼吸系统等方面的机能都有着显著的功效。

不仅如此，中国式摔跤在发展中还创造出了独具特色的训练身体素质的功法，如天吊、地秤、抖皮条、大棒子等。中国式摔跤既可以单练也可以双人配对练习，不仅有徒手练习也有器械练习，还有完整的功法技术体系。这些完整的训练体系对提高人体的力量、速度、耐力、灵敏、柔韧等身体素质都有着积极的效果。

---

[1] 谷应泰. 明史纪事本末［M］. 上海：中华书局，1977.
[2] 宗懔. 荆楚岁时记［M］. 太原：山西人民出版社，1987.

三、中国式摔跤的观赏价值

秦始皇统一中国后,禁止民间私藏兵器,角抵因此在这一时期得到进一步的发展,在民间盛行。角力在秦朝时期更名为角抵,其功能也从军事训练及作战需要向娱乐功能转变。

角抵具有独特的娱乐性功能,它不仅是供人们消遣娱乐的一种体育活动,还成为秦朝宫廷中的消遣活动。由于当时的宫廷艺术家对角抵运动在艺术上进行加工和对其他艺术元素的吸纳,使之逐渐变成了角抵戏。班固曾言:"而秦更名为角抵,先王之礼,没于淫乐中矣。"秦朝时期,宫廷之中上至帝王下至宫女、侍卫,都能被角抵运动所吸引,沉迷于角抵运动,而荒废了朝政。在湖北省江陵凤凰山出土的秦代木篦柄上雕刻着《角抵戏图》,图中生动地描绘了一场角抵比赛,从雕刻上可以看出,当时从事角抵活动的人员穿着短裤和腰带,上身赤裸,与我们现代的摔跤活动穿着不同,而且当时角抵活动有专门的裁判进行指挥,也说明了角抵在当时是以表演为主的对抗性比赛。

角抵发展到两汉时期,它已经不再是纯粹的以徒手相搏的对抗性比赛娱乐项目,它糅合了杂技等表演技巧并运用舞台表演的效果,提高了角抵的观赏性,内容更加丰富多彩,与这一时期的百戏有相似之处,故而被称为"角抵奇戏"或"角抵百戏",其规模非常宏大,而且定期举行大规模的角抵活动比赛,时间定为每年的春夏两季。

四、中国式摔跤的教育价值

中国文化博大精深,具有兼收并蓄的特点,包容和吸收各种优秀民族文化。中国式摔跤在这个大环境下,也具有兼收并蓄的特点,吸收多种民族跤种文化和各种跤种的优秀技术,保留自己的特点,独立发展。中国式摔跤中的文化以儒家思想与道家思想融合为主,强调以人为本,讲究群体的互助发展,强身健体,培养人的意志品质,教育就在其中起着至关重要的作用。

中国式摔跤作为我国民族传统体育文化遗产中的重要组成部分,具有较高的文化传承价值。中国式摔跤在搏斗过程中讲究礼节,具有高尚的礼仪精神,讲究以武会友、以和为贵的伦理思想,强调自强不息的进取精神。中国式摔跤的技术和理论基础适合《全国普通高等学校体育课程教学指导纲要》中的健身性与文化传承性相结合的特点，培养学生的心理承受能力、身体素质发展和文化的继承与发展等体育教学原则，提高学生的文化水平和品质意志，继承和发展民族传统体育文化遗产。

五、中国式摔跤的经济价值

由于社会的安定和经济的繁荣，人们的生活需求有所改变，而角抵不仅满足了人们的娱乐需要，还能满足人们的精神需求。隋朝初期，角抵活动有了新的发展，在节日庆典活动中，无论是宫廷还是民间角抵演练一直存在。由于有人认为角抵的繁荣发展影响朝廷的发展，于是对角抵活动颁布了禁令。《隋书·柳彧传》云："或见近代以来，都邑百姓，每至正月十五日，作角抵之戏，递相夸竞，至于糜费财力，上奏请禁绝之。"①虽然侍郎柳彧对角抵提出禁止，但是这并没能影响到角抵的发展，其依旧流传广泛。

宋朝时期的摔跤被称为相扑。相扑不仅在民间大受欢迎，在宫廷之中还有专门为朝廷进行表演服务的一批相扑选手，被称为"内等子"。"内等子"中的相扑选手是专门从事摔跤的专业选手，是相扑选手中的佼佼者，他们专门服务于朝廷，以为朝廷娱乐表演为生。而这一时期的相扑不仅具有表演性，而且它的规模也是相当宏大，有时还会进行正式的比赛，出现了以竞技为主的全国性正规比赛，在进行相扑比赛时观赛的人数众多，有资料记载，宋朝相扑曾在朝廷举办的全国性的大型宴会上进行表演。当时在竞赛中不仅有金银珠宝的奖励，还会伴随官职的奖励，带动了相扑比赛的发展，促进了当时相扑的竞争性并带动了当时经济的发展。

第四节　中国式摔跤的流派

在数千年的流传过程中，因地域差异，中国式摔跤逐渐形成了各自的技术风格与技术特点，进而造就了中国式摔跤的不同流派。流传于各地区的不同风格的中国式摔跤凝结了当地人民的智慧与知识。尽管各流派中国式摔跤有一定的风格差异，但它们在本质上并没有实质上的不同。

---

① 魏征.隋书·柳彧传［M］.上海：中华书局，1997.

一、北京摔跤

北京摔跤是继承清朝"善扑营"的技术形式而形成的,又称"掼跤""撂跤"。清代的摔跤不仅融合了角抵、相扑等技术精华,还吸收了各少数民族的优秀技术,创造出技巧灵活、招数繁多的跤法。清朝长时间与蒙古族等少数民族进行摔跤上的交流,使得这一时期的善扑营吸收了各民族跤术优秀的技术及文化,取长补短,是现代中国式摔跤的雏形。北京摔跤继承了清代摔跤的技术形式,形成了重视力量,擅长擒拿,动作架势较小、动作迅速快捷等特点。北京摔跤跤架俗称"黄瓜架",近代出名者有大祥子、奎六、闪电宝、宛永顺(宛八)等,其后继承者有沈友三(沈三)、宝善林(宝三)、张文山、杨春恒、熊德山、佟顺禄、宋振甫等。

二、保定摔跤

保定摔跤又称"散手跤"和"保定快跤",可见它是以动作快速而著称。保定摔跤手法上在其他跤种中占有绝对优势,配合以腿法,具有快速制胜、刚中带柔、以小胜大的技术特点。保定摔跤以擅用"撕、崩、捅"技巧闻名。此派近代著名的摔跤手有平敬一,其徒张凤岩、白俊峰等人,后继者有常东升、常东如、常东坡、常东起四兄弟,以及阎益善、马文奎等。

三、天津摔跤

天津摔跤是趋于北京跤与保定跤中间的一种发展独特的跤种,它的动作较为刚猛,将保定跤的快捷、钢中带柔、瞬间制胜的技术方法,与北京跤的以巧破千斤的技术方法相结合,融合自身力量优势发展而成。天津跤擅长前臂击打,这点和源于且流行于天津府的各种拳法较为一致,如静海的太祖通臂,天津河东大直沽的拦手拳,沧州城厢的大六合拳,沧州东南孟村的八极拳和披挂掌等。此派近代名手有李瑞东、崔永福(小鬼崔)、王昆山及其后二三十年代的穆祥魁、刘少增、卜恩富,三四十年代的张连生、张魁元、张鸿玉、张鹤年四人(当时并称四大张),五六十年代的李银山、杨子明、王恩信、王怀宝、贾福才、蒋学义、孟广彬、时金刚等。

四、山西摔跤

山西摔跤盛行于山西省北部,介于太原和大同之间的忻州、定襄、原平三市县,俗称"跌跤"。山西摔跤已有800多年的历史。忻州、定襄、原平三市人口近百万,其中参加和爱好摔跤的人约占70%,因此有"摔跤之乡"的美誉。据传,忻州、定襄、原平跤乡的摔跤运动起源于800年前的南宋,著名的民族英雄岳飞以"角抵"训练士兵,岳飞被害后,其部属被遣散,其中有一名忻州籍的士兵陈效婴回到家乡,就将在军中所学之摔跤技术传授给乡亲。山西摔跤长于各类型的抱腿、搂腿技巧,比赛只穿跤裤,跤裤多半只到膝盖下缘处,且不着靴与上衣;由于多以扣腰抱腿为主,又常在泥巴里进行,也有"摸泥鳅"的俗称。山西摔跤常以羊作为奖品,因此也称"挠羊"摔跤。

思考题:

(1)简述中国式摔跤的历史沿革。
(2)中国式摔跤的特征有哪些?
(3)论述中国式摔跤的价值。
(4)简述中国式摔跤的流派及各流派的技术特点。

本章编撰:龚茂富

第二章 中国式摔跤的形成与发展

中国式摔跤源远流长，是中国传统体育不可分割的重要组成部分，也是中华民族优秀传统文化的重要体现形式之一。在广泛吸收中华民族多跤种优点的基础上，中国式摔跤经过历代不断的积累、整合、演化、规范、创新，逐渐发展成底蕴深厚、风格独特、独树一帜的体育运动项目。

第一节 中国式摔跤的来源

中国式摔跤是人类社会生存本能的重要体现，具有悠久的历史。从起源来看，原始部落战争和古代军事体育对中国式摔跤的形成发挥了重要的作用。

一、原始部落战争对中国式摔跤的形成作用

中国式摔跤起源于原始社会。在该时期，"人民少而禽兽众"（《韩非子·五蠹》）、"猛兽食颛民，鸷鸟攫老弱"（《淮南子·览冥训》），人类为了生存，除了与自然斗争之外，还要与兽类以及不同原始族群相争斗。当时的斗争工具比较原始，除了石头和棍棒之外，主要依靠身体本身。随着氏族部落的发展以及生产力的提高，出现了私有财产，为了获得更多的财产，部落之间的战争越来越频繁。《述异记》记载："蚩尤氏耳鬓如剑戟，头有角，与轩辕斗，以角抵人，人不能向。"在长期的狩猎与搏斗过程中，人们逐渐掌握了一些角抵摔打的技能，经过反复实践，人们也开始意识到这些基本技能对于取得战争胜利所发挥的作用。经过有目的、有意识的改造，这些基本技能成为一项具体的实践活动，并发展成为中国式摔跤运动的雏形。

二、古代军事体育与中国式摔跤的关系

中国式摔跤一直是古代军事的重要训练内容。一方面，摔跤是军事训练的重要科目。《礼记·月令》中记载："孟冬之月……天子乃命将帅讲武，习

射、御、角力。"受兵器发展水平限制，射箭、驾车、角力都是军队操练的主要科目，而摔跤则是徒手对抗训练的唯一科目。另一方面，摔跤也是选拔人才的重要手段。据《国语·晋语·少室周知贤而让》记载："少室周为赵简子之右，闻牛谈有力，请与之戏，弗胜……使少室周为宰。"《管子·七法》中也有"春秋角试，以徕精才"的记载。

在冷兵器时代，军队中高度重视徒手搏斗技术。《汉书·艺文志》载"右兵技巧十三家，百九十九篇"，其中就包括专讲摔跤技艺的《手搏》六篇。《文献通考》记载："秦并天下，分为三十六郡。郡县兵器聚之咸阳，销为钟鐻，讲武之礼，罢为角抵。"可见，秦朝训练军士以角抵为主。唐以后，角抵仍然是军队中的训练项目之一，左右神策军中多有擅长角抵之人，皇帝每每赴神策军中观看角抵活动。《旧唐书·本纪第十六》载："丁亥，幸左神策军观角抵及杂戏""自是凡三日一幸左右军……观角抵、杂戏。"至明清两代，摔跤在军旅中仍经久不衰。据《明史纪事本末》载："上尝于西内练兵，令彬等率兵入习营阵，校骑射，或时为角抵之戏。"《明史·江彬传》记载："每团练大内，间以角抵戏。"可见，角抵活动是当时军中练兵的一种手段。在清朝的京军中，设有"善扑营"的编制，专习摔跤技艺。

第二节　古代中国式摔跤的发展

中国式摔跤是在中华文明的历史发展中逐渐形成的民族性运动。据《角力记》记载，秦汉时期，角力已经得到了广泛的传播。角力不仅在军队中作为军事训练科目，在民间也是广大人民群众所喜爱的一项身体活动。据《汉书·武帝纪》载："（元丰）三年春，作角抵戏，三百里内皆来观。"元丰六年时，"夏，京师民观角抵于上林平乐馆"。由此可见，人们对角抵的喜爱。结合文献与出土的大量摔跤文物可以推断，古代中国式摔跤经过连续的历史演化，最终形成了今天所见的技艺形式。

一、古代中国式摔跤的发展

（一）秦、汉时期

秦统一中国后，销毁兵器，禁止民间习武，角抵由此盛行起来。这时的角抵带有娱乐色彩。秦朝灭亡，汉朝兴起，角抵活动更为兴盛。汉通西域以后，西域的许多小国都成了汉的属国。每当西域各国使节来到长安,汉武帝在宴请之中时常向他们展示角抵之术。此时的角抵盛极一时,每年参加角抵活动的人数不断增加,而且内容也不断翻新。汉宣帝元康二年,乌孙来的客人有三百多人,同时匈奴使者也来到了长安,汉宣帝亲自到平乐馆招待他们观看大规模的角抵比赛。

(二) 魏晋南北朝时期

魏晋继承了秦汉时期的角抵。其实,此时的角抵在民间已经有"相扑"之谓。这个时期从上至下,各阶层的人士都表现出了对角抵的喜爱,普通民众也时常进行一些比赛。例如,晋朝时颍川和襄城两郡相邻,两郡人民曾多次进行摔跤联欢。南北朝时期,南朝梁武帝的护卫队伍中有一个角抵队,北朝北齐文宣帝的卫队中也有角抵队,并有记载说明这是沿袭北魏的①。这些足以说明魏晋南北朝时期对摔跤活动的重视程度。

(三) 隋、唐时期

隋唐时代是我国摔跤活动发展极其昌盛的时期,这个时期摔跤活动不仅在国内盛行,而且影响到了国外。隋朝大一统后,各地的经济逐渐恢复,人民的生活趋于安定,对一些娱乐活动也开始热衷起来。摔跤经过了隋朝的发展,到了唐朝更为兴盛。唐代相扑在全国盛行,各地选相扑高手送到国都长安,所以整个唐代长安三辅之间相扑之风最盛。在军队中,相扑是士兵必练科目;在皇宫内,经常举办百戏和相扑大会,以供统治者观看。唐朝除了军队中士兵练相扑外,还有受过专门训练的相扑力士。早在唐朝初年唐高祖武德年间就设立了教坊署,到了玄宗时又把教坊扩大成为左教坊和右教坊,之后在教坊中单设立了相扑朋,成为专管相扑力士的机构。除此之外,民间也经常有相扑的活动,《太平御览》中《吴兴杂录》记载:"唐,中元节,俗好角力相扑,云避瘴气也。"

隋唐时期的摔跤活动,不但广大民众喜爱,统治阶级也积极提倡。与此同时,相扑还东传至朝鲜、日本等国。在吉林集安发掘的高句丽古坟内部墙上画的相扑壁画,和我国隋唐时期基本一致。唐朝时期,日本和我国交流较为密切,经常派遣唐使来中国学习交流,并把相扑带回日本发扬成为国术。

---

① 金启琮,凯和.中国式摔跤史:摔跤的源流和演变[M].呼和浩特:内蒙古人民出版社,2001:18.

（四）宋代

宋朝仍对摔跤以相扑相称，同时在民间也把摔跤称为"争交"。宋朝结束了五代十国的割据局面，人民生活逐渐安定，经济发展稳定，一些娱乐活动又渐渐兴盛起来，相扑就是其中较为流行的体育活动之一。

在宋代，每当朝廷举行大型宴会时，会同时举行一些杂技、歌舞和相扑表演。这些助兴节目会有一定的次序，相扑多在宴会即将结束时举行，由左、右军的相扑力士表演。左、右军的相扑力士叫作"内等子"，归"御前忠佐军头引见司"所管，是从殿、步诸军里挑选出来的力士。力士入选后，就可以充当虎贲良将。他们除了在大宴会时表演以外，每逢皇帝祭祀或出游，还要步行在皇帝车驾前面担当保卫。

相扑在宋代民间社会也很盛行，这种民间的相扑也叫作"瓦市相扑"。相扑者在瓦市人多热闹的地方圈场子进行相扑比赛表演，比赛开始时先由"女飐"（即女相扑力士）出场"打套子"（即后来所说的"套子跤"，也就是"活跤"）。数对女飐打套子以后，待观众围拢起来，才由有膂力的壮年相扑力士争跤。这些力士多半都是民间喜爱相扑的劳动人民。民间还有一种相扑形式——摆擂台，并且预备有旗、银杯、彩缎、锦袄、马匹等奖品。据《都城纪胜》《梦粱录》《武林旧事》等文献记载，仅南宋临安城就有著名的相扑艺人五六十人之多，其中如撞山倒、周黑大、曹铁拳、王急快、韩铁柱等，都是南宋京城的摔跤好手。宋代已经有了全国性的相扑比赛，并且还建立了比赛规则，这种规则称为"社条"，称裁判为"部署"。

（五）辽、金时期

辽、金时期的摔跤也十分盛行。辽代契丹人喜爱摔跤，历史中有诸多相关记载。据《辽史》载，辽太祖耶律阿保机的弟弟剌葛曾经屡次反对他，神册八年（923年）阿保机擒住剌葛的党羽三百多人，在处死刑的头一天，阿保机让他们尽情地快乐一天，于是给他们举行宴会一日，这些将被处刑的契丹人吃饱喝醉以后，便有的唱歌、有的跳舞、有的射箭、有的摔跤，尽情地欢乐。到辽太宗耶律德光时，摔跤更为盛行，且被统治阶级列入了大宴会的娱乐节目。辽太宗天显四年（929年）正月元旦，太宗宴群臣并招待外国来使，请他们看俳优戏和摔跤。契丹人把摔跤与戏剧并列为娱乐节目，而摔跤排在戏剧之后，大概是契丹人认为摔跤比戏剧更为精彩[1]。辽代契丹人的摔跤在民间也十分盛行，在辽国住过多年的汉人曾记载辽上京（今赤峰市巴林左旗林东镇）西楼的情况，说西楼街上有圈场摔跤的艺人，他们多半都是并州、汾州、幽州、蓟州（即今山西及河北北部）的汉人。

取代辽朝而兴起的女真族建立了金朝，女真语称摔跤人叫"拔里速"。金太祖完颜阿骨打时，时常组织"拔里速"进行比赛，部族与军队中便有很多出色的"拔里速"，如奔睹、阿撒、石抹等。奔睹十五岁时已能够连续摔倒六名拔里速；阿撒是个大力士，在拔里速比赛中经常拔得头筹。金、元时期的摔跤技艺一脉相承，并对后世摔跤的发展也产生了很大的影响。

（六）元、明、清时期

元代继承了匈奴、鲜卑等北方民族的传统习惯，对摔跤十分重视。元太祖成吉思汗时就曾命令，将骑射、角力作为战阵时的应用。在元代军营中，角力也是一种经常举行的娱乐项目，特别是在驻营休息的时候。蒙古军队中有许多摔跤力士，元太祖成吉思汗的弟弟合撒儿"力能折人为两截"，成吉思汗的另一个弟弟别勒古台也是角力的能手。

明代是摔跤运动比较低迷的一段时期，其原因大抵是明代废除了元代的很多风俗，许多运动项目也因此而停止。而宋代的相扑在元朝时期已经被淘汰，明代在既不提倡元代角力，而又无法继承宋代相扑的情况下，导致角抵运动反而不如拳术盛行。尽管如此，明代并没有完全废止这项运动，仍然保留在宫廷娱乐和军队锻炼之中。明武宗时期，武宗宠信宦官刘瑾为了讨武宗欢喜，"日进鹰犬、歌舞、角抵之戏"，由此可知，当时角抵仍是明代宫廷娱乐项目之一。明代军队中为了锻炼军士的体力，也有角抵比赛，比赛时分成两队，双方击鼓助威，胜利的一方可以夺取锦标，很像现代的摔跤锦标赛。

清代摔跤运动的发展对中国式摔跤的形成做出了重要的贡献。摔跤在清代叫作"演布库"。梁章钜《归田琐记》载，"或问何为布库之戏？余谓布库是国语，译语则谓之'撩脚（跤）'（摞跤）"。"布库"实际是从元代蒙古语的"孛可"转来，指摔跤手或力气大的人。清代的演布库，文人在汉籍中也常用"角抵""相扑""相搏"等古语来表示。

清代对中国式摔跤的贡献主要体现在以下四个方面：

---

[1] 金启孮, 凯和. 中国式摔跤史：摔跤的源流和演变 [M]. 呼和浩特：内蒙古人民出版社, 2001：74.

第二章　中国式摔跤的形成与发展

第一，演化出了正式以"摔跤"为名称的运动。明代仍沿用唐宋旧称把摔跤叫角抵，并只是作为娱乐中的一个项目。到清代，许多文人把满族布库译为"撩脚""掼跤""摔跤"。角抵改叫撩脚、撩跤、掼跤、摔跤，不仅是名称的改变，而是由于清代摔跤形式和技术发生了根本的变化。摔跤一词的产生，是清代满族摔跤技术发展的结果。

第二，摔跤的主要技术体系日臻完善。清代满族摔跤技术十分注重脚功。穿着跤衣的摔跤手虽有手上功夫，但以脚上功夫为要，"有踁、踠、跐、蹋、蹿、欠、跨诸法"。中国式摔跤主要技术有"绊子、大得合、小得合、勾子、抹脖踢、搓脚、架梁踢"等，并有谚云"手是两扇门，全凭腿赢人"。不难看出，中国式摔跤技术是在清代满族摔跤技术基础上进一步完善和提高而来。

第三，跤衣的式样及做法。清代满族的跤衣皆白布短衫、窄袖，领襟用七八层布密缝，使之坚韧不可碎。这为中国式摔跤服装的定型奠定了基础。

第四，对胜负的裁决。清代满族摔跤是以扑倒与否而裁决胜负。如"脱帽短褚两相角，以搏捽仆地决胜负""胜败以仆地为定"。这一裁决方法直接传至当代，成为中国式摔跤裁决的核心与关键。

总之，清代满族摔跤的兴起促进了摔跤技术的发展，进一步完善了竞赛规则，为中国式摔跤的技术发展和竞赛规则的制定奠定了基础。

二、古代中国式摔跤的定型

中国式摔跤是以中国几千年摔跤运动实践为背景，以京跤为基础，吸收国内多民族摔跤技术，并参照现代国际摔跤规则，经过长期整理而发展形成的独立运动项目[①]。它是经过不断的发展、不断的改进，才最终确定下来的。古代中国式摔跤的定型得益于文化、技术、人才与组织等条件的成熟。

（一）文化条件

中国式摔跤作为一项传统体育项目是在中国文化大背景下孕育发展起来的，是我国传统体育文化的重要组成部分。中华民族传统文化具有包容性和多样性的特点，它以汉族文化为主体，同时又融合了藏族文化、蒙古族文化、满族文化等多个民族的文化，因此，中国式摔跤运动具备包容性与多样性的特点。中国式摔跤的包容性，一方面体现在，几千年的历史发展过程中，它不断

---
① 苏学良.中国式摔跤的战略研究[J].体育文化导刊，2003（3）：11-13.

将其他民族的摔跤技艺融入其中，成为一项集力量、技巧于一身并饱含民族特色的传统体育运动。随着国际式摔跤传入中国，中国式摔跤也积极借鉴国际式摔跤的技术特长，以完善自身，如今天在中国式摔跤比赛中的双手抱腰过桥动作就是受国际式摔跤的影响。另一方面则体现在，中国式摔跤有技术流派之分，但无门户之别。中国式摔跤在学习与传承过程中，老师与老师、学生与学生之间经常交流学习、相互串艺，以共同提高。中国式摔跤的多样性体现在，它是一个融合多民族摔跤技艺而形成的技术体系，在发展过程中，各地域、各民族也逐渐形成各具特色的摔跤活动。

具体地说，中国传统文化在以下三个方面促进了中国式摔跤的形成：

第一，丰富多样的文化类型为中国式摔跤提供了充分的条件。中国式摔跤的技术主要来源于汉民族的相扑、蒙古族摔跤和满族摔跤。云南、新疆等地区的摔跤活动，也在不同时期推动了中国摔跤运动的进程。由于地域文化的差异，不同地区摔跤的技术风格迥然不同、各有所长，在文化融合的过程中，发展出技术全面、风格独特的中国式摔跤运动。

第二，多元化的文化需求为中国式摔跤提供了宽松的发展空间。在不同的文化区域和文化时期内，中国式摔跤曾被作为祭祀、训练、竞技、表演、健身等手段而广泛开展，体现出教育功能、军事功能、体育功能及娱乐功能的一体性，迎合了社会各阶层的需求，从而使这一运动得到官方与民间的大力支持，并由此在技术上获得了稳定的发展。

第三，独特的文化精神使中国式摔跤体现出鲜明的中国特色。在中国式摔跤运动的各个方面，都深受传统文化精神的影响，如比赛规则上的一站一倒、服装上对内在美的强调、比赛中对跤德的要求等。中国的传统文化一直都在物质和精神两方面为中国摔跤运动提供充足的养分，这也正是这项运动得以发展壮大，并在世界跤坛上独树一帜的根本原因。

（二）技术条件

作为各民族摔跤技艺的整合，中国式摔跤在民族传统体育中具有无法取代的地位，是民族传统体育中较力类项目的代表。在众多的民族传统体育项目中，每个项目都有其独有的价值和地位，与其他民族传统体育运动项目相比，中国式摔跤运动在民族传统体育中的价值是无法被取代的。汉族的角抵相扑、蒙古族摔跤和满族的布库是中国近代摔跤运动的三大来源。蒙古族在中原建立元朝时，将本民族的摔跤运动带到中原，至清朝建立后，又把满族固有的摔跤技术带到中原。满族摔跤着重于脚法使用，以勾、掠、绊、别为主要进攻技术。汉族摔跤历史悠久，具有力量与技巧高度结合的特点，尤其是传统摔法允许手臂搏击，这就改变了满族原有的单一脚法形式，从而走向臂、腰、脚三种技法相结合的全面摔法。[①]中国近代摔跤技术体系至清代基本成型。

（三）人才与组织条件

组织皇家摔跤队，在中国历史上屡见不鲜，但能够像清代善扑营那样地位高、规模大、时间长的官方摔跤组织还未曾有过，这和满族彪悍尚武的文化传统有关。更直接的原因是，康熙使用宫廷摔跤队除掉权臣鳌拜以整肃朝纲，有力地推动了这项运动的开展。自此清朝历代统治者大力提倡摔跤，在侍卫府专设"相扑营"，后改称"善扑营"。他们平时训练并任宫中侍卫，逢节庆之日进宫表演。善扑营实际是摔跤运动的官方专门机构，它集教学、研究、训练、比赛、交流、表演等多种职能于一体，促进了各类技术的发展与完善，把中国摔跤运动推向了高峰[②]。

正是由于清代皇帝的大力提倡，满族、蒙古族和汉族跤手相互学习、取长补短，使摔跤技术不断提高、不断完善，最终使得古代中国式摔跤定型下来。

第三节　近代中国式摔跤

近代以来，中西文化的碰撞给中国社会带来了剧烈的冲击，中国式摔跤也开始从军队与官方走向民间社会。这直接改变了中国式摔跤的发展路径，同时也促使中国式摔跤在民间社会得以传承与保存。

一、西方文化的传入与中国式摔跤的变迁

1840年第一次鸦片战争，西方列强用洋枪洋炮打开了中国的大门。西方文化的进入，对中国社会的各个层面都产生了巨大的冲击，中国式摔跤也因此受到了影响。

随着清政府的衰弱，善扑营的军饷不能如期发放，到清朝末期善扑营不得不解散。善扑营的摔跤手流入民间，为了生计，他们从事各种不同的行业，有的靠圈场卖艺糊口，有的则去当人力车夫。据文献记载："北京之掼跤场，始

[①] 国家体委文史工作委员会. 中华民族传统体育志［M］. 南宁：广西民族出版社，1990.
[②] 苏学良. 中国式摔跤的战略研究［J］. 体育文化导刊，2003（3）：11-13.

于天桥，民国十年，有杨双恩者，前曾充扑户，因无以为生，遂在天桥练把式找钱过日……其他掼跤家，遂群起效尤，成为固定之职业"[①]。善扑营的解散在很大程度上推动了民间摔跤运动的发展。

与此同时，民国初年教育界与体育界大力宣传传统项目以抵制西方体育的涌入，摔跤在此时再次受到重视。摔跤成为学校体育科目的重要组成部分。在民国时期，中国式摔跤也作为娱乐活动在民间盛行。这一时期，中国式摔跤运动通过满足教育以及大众的娱乐需求来实现自身的发展。

二、中国式摔跤组织的建立与发展

1915年，马良（名子贞）任山东督察使，在他的倡导下，于1917年成立了"山东武术传习所"，面向全国聘请摔跤名师任教，传授摔跤法，向全国推动摔跤运动科目。当时聘请的名师有保定摔跤家张凤岩、沧州"铁拐子"王振山，以及马庆云、王子平、李大德、王福章等摔跤名家。在马良的组织推动下，《摔角科》得以出版发行，后被中央国术馆采用为正式教科书。书中将中国式摔跤定为二十四式，分上、中、下三把，每式多由四个动作组成，左右式均练，结合武术基本功训练的灵巧，配合三十六种器械训练力量，使中国跤术走向了科学系统化。成立于1927年的中央国术馆设立摔跤课，将摔跤正式纳入教学体系之中。1928年10月，南京举办了第一届国术国考，取前15名为最优等获得者。济南的杨法武获金榜后，被中央国术馆定为一级教授，留馆任教。1930年，他随张之江（国术馆长）访日时，在东京皇家操场，使用中国式摔跤接连战胜4名日本柔道高手，弘扬了国威。1936年，中央国术馆还进行了女子摔跤比赛，推动了民国时期女子摔跤运动的发展。

近代，北京的天桥跤场、天津的南市跤场、保定的清真寺南街跤场与济南的大观园跤场并称全国"四大跤场"，成为摔跤社会组织的典型代表。善扑营后人模仿《角力记》编写了一本《新角力记》，专记民国时期摔跤的一些逸闻，其中有部分是关于北京摔跤的介绍：北京摔跤场自清亡以后，多集于隆福寺、护国寺、天桥、白塔寺、钟楼前等处。隆福寺、护国寺、白塔寺恒以每月庙会时圈场，天桥、钟楼前则每日有之。1931年以后辟西单商场，也有之，此北京摔跤之大略也。

在天津跤场的推动下，摔跤这一体育娱乐方式在天津传播开来。天津跤集北平跤与保定跤之长，将灵巧、速度、力量融为一体，更加讲究手法、撩法、

[①] 苏学良，李宝如.京跤史话［M］.北京：新华出版社，2004：148.

绊子的结合，动作敏捷、刚猛。天津卫摔跤行代表人物主要有张魁元、张连生、张鸿玉、张鹤年、王海兆等著名的跤手。

摔跤在保定形成了独特的保定快跤风格。清朝末期，涌现的摔跤名家有平敬一、杨洛志、许二把、白洛俊等人。平敬一是名扬全国的摔跤家，跤艺冠绝一时，在其弟子中，马蔚然、张凤岩、马良、王福田、尹长禄、于殿奎等8人较有代表性。保定快跤注重技术，轻视蛮力，逐渐形成了刚柔相济、灵活巧妙、快速多变的摔跤技巧，擅长用"撕、崩、捅"，以小制大，讲究"四两拨千斤"。1932年，保定国术馆建立，于殿奎任摔跤教练。同年，在清真寺街建国术分馆，馆长安古琴，教员有白运章、张凤岩、白洛镇、赵洛永等。保定培养出了阎善益、常东升、马文奎等一批摔跤高手，在全国一系列比赛中取得了优异的成绩。其中，常东升技艺精湛，有"花蝴蝶"美誉。

济南摔跤在近现代史上曾显赫一时。1917年山东武术传习所的设立，给济南地区培养出很多摔跤高手，推动了这项运动的发展，为济南摔跤运动争霸全国跤坛奠定了坚实的基础。1928年10月，南京举办第一届国术国考，全国摔跤精英经过半月异常激烈的争夺，济南的3名回族摔跤选手杨法武、杨松山、马裕甫名列金榜。后来，法仙洲在济南清真北大寺设场开班授徒，培养了张登魁、杨春智、宛典文等名徒。1933年秋，张登魁在南京举办的第五届全运会上获得亚军，杨春智获第四名。同年，张登魁参加第二届国考，击败了跤坛称霸多年的名将阎善益，摘取了全国桂冠。

第四节　当代中国式摔跤的现状与国际化传播

中华人民共和国成立后，中国式摔跤经历了一波三折的发展。在第一、二、三、四、六、七届全国运动会上，中国式摔跤被列为正式比赛项目，中国式摔跤发展一片欣欣向荣。但是受"奥运争光计划"影响，自八运会开始中国式摔跤不再作为全运会的正式比赛项目，中国式摔跤开始陷入低谷状态。进入新时代，随着国家对优秀传统文化的重视，2016年成立中国式摔跤发展委员会后，大力推动中国式摔跤逐渐走向复兴。20世纪80年代起，中国式摔跤开始传入欧美一些国家和地区，开启了中国式摔跤在海外发展的新气象。

一、中国式摔跤的曲折发展

中华人民共和国成立后，由于党和人民政府的关怀和重视，中国式摔跤有了很大的发展。1953年，中华全国体育总会审定颁布了《摔跤比赛、石锁举重暂行规则》，这是中华人民共和国成立后第一部摔跤运动规则。同年，在天津举行的全国民族形式体育表演及竞赛大会上，11个单位的摔跤选手参加了比赛。由此，中国式摔跤被正式列为全国比赛项目。1956年，中国式摔跤正式定名，并在北京举行了全国摔跤锦标赛。此外，历届全国少数民族运动会和全国农民运动会都把中国式摔跤列为重点比赛项目。在第一、二、三、四、六、七届全国运动会上，也都把中国式摔跤列为正式比赛项目，期间全国各省市自治区都建立了专业队伍。

摔跤在19世纪60—80年代达到鼎盛，当时涌现了一批优秀的运动员和教练员。中国式摔跤在经历了漫长的发展过程后，已经演变成为世界六大跤种之一（柔道、相扑、古典式摔跤、自由式摔跤、桑搏、中国式摔跤）。但是自八运会开始中国式摔跤不再作为全运会的正式比赛项目，中国式摔跤开始陷入低迷，各省市的专业队伍也纷纷解散，只剩下为数不多的业余队伍和民间组织在传承和发展中国式摔跤。

1995年7月国家体委发布的《奥运争光计划纲要》（以下简称《纲要》）后，中国式摔跤等不属于奥运大家庭成员的项目被取消全运会比赛资格（除武术外），各省市的专业队伍也随之撤销，参与中国式摔跤项目的人数日益减少。1995年8月，国家体委摔跤与柔道管理处在河南郑州举办了一次中国式摔跤全国比赛，当时参加比赛的队伍只有5个，运动员不足50人，竞技水平与之前相差甚远。

20世纪90年代以后，随着我国各项改革的深入进行，以全民健身为背景的多元化发展时期悄然到来，中国式摔跤运动所具有的独特魅力正在以灵活多样的形式在全民健身中焕发出勃勃生机。这一时期，中国式摔跤运动主要出现了以下发展势头：

第一，教育化。1996年，国家教委重新对体育学科进行规划，正式把民族传统体育列为4个二级学科之一，同时把中国式摔跤作为该学科的重点项目。这让中国式摔跤运动走上了一条与教育融合的发展之路，使中国式摔跤运动在中高等体育院校中以主修、专修、辅修、选修等各种形式得以蓬勃发展。

第二，群众化。20世纪60年代是中华人民共和国成立后中国式摔跤运动的第一个高峰期，从开展规模到比赛水平在历史上都是少有的。究其根本，这是中国式摔跤运动在群众中的广泛普及所致。1995年《全民健身计划纲要》颁布实施以后，中国式摔跤运动作为传统项目在全民健身活动中再度受到重视，中国式摔跤所具有的健身、娱乐、防卫等功能被广大群众认识和接受，参加这项运动的群众队伍逐步壮大。

第二章 中国式摔跤的形成与发展

第三，市场化。随着我国市场经济体制的逐步建立，把中国式摔跤运动推向市场已成必然。起初，这项运动在一些经济活动中只能作为配角发挥辅助作用，如在一些地方举办的民族节日上进行表演和比赛。随着体育产业的兴起，中国式摔跤在市场活动中的作用逐渐显示出来，如1997年在北京举行的首届中国式摔跤国际邀请赛、1998年在沈阳举办的亚洲体育节中国式摔跤比赛、1999年在保定举办的首届全国中国式摔跤擂台争霸赛等。另外，盈利的摔跤俱乐部已经萌芽，中国式摔跤产业化已处于初始阶段。中国式摔跤与市场接轨，为这项运动提供了巨大的推动作用以及灵活的发展机制。

在发展过程中，中国式摔跤的各项制度和规则也不断地完善。为了使中国式摔跤的发展规范化、系统化、科学化，中国式摔跤竞赛规则不断完善，为这项运动的规范化发展提供了保障。（表1）

从表1中可以看出，中国式摔跤运动的竞赛规则，在赛事的发展过程中得

表1 中国式摔跤竞赛规则演变

时间	1958版	1979版	1983版	1987版	2007版	2017版	2020版
竞赛性质	个人赛、团体赛、个人及团体赛	个人赛、团体赛、个人及团体赛	个人赛、团体赛、个人及团体赛	个人赛、团体赛、个人及团体赛	个人赛、团体赛	个人赛、团体赛	个人赛、团体赛
竞赛制度	淘汰制、循环制	单循环、分组循环、淘汰及双败淘汰	单循环、分组循环、淘汰及双败淘汰	单循环、分组循环、淘汰及双败淘汰	淘汰制、循环制	淘汰制、淘汰复活制、循环制	淘汰制、淘汰复活制、循环赛制或其他赛制
年龄分组	18~50岁（男子）	青年组：15~18周岁；成年组：18周岁以上	青年组：15~18周岁；成年组：18周岁以上	少年组：13~15周岁；青年组：16~17周岁；成年组：18周岁以上	少年组：12~14周岁；青年组：15~17周岁；成年组：18周岁以上	少年组：12~14周岁；青年组：15~17周岁；成年组：16周岁以上	少年组：12~14周岁；青年组：15~17周岁；成年组：16周岁以上

（续表）

时间	1958版	1979版	1983版	1987版	2007版	2017版	2020版
级别	8个	青年组10个；成年组10个	青年组10个；成年组10个	少年组12个；青年组10个；成年组10个	少年组：男6个，女无；青年组：男10个，女8个；成年组：男10个，女8个	少年组：男8个，女7个；青年组：男11个，女8个；成年组：男10个，女8个	少年组：男8个，女7个；青年组：男10个，女8个；成年组：男10个，女8个
礼节	比赛开始前，运动员握手	赛前赛后，双方运动员握手，并与裁判员握手	赛前赛后，双方运动员握手，并与裁判员握手	赛前赛后，双方运动员握手，并与裁判员握手	赛前赛后运动员之间行抱拳礼，向裁判员行抱拳礼，并向对方教练员行抱拳礼	赛前赛后运动员之间行抱拳礼，向裁判员行抱拳礼	赛前赛后运动员之间行抱拳礼
局数及时间	3局，每局3分钟，局间休息1分钟	2局，每局3分钟，局间休息1分钟	2局，每局3分钟，局间休息1分钟	2局，每局3分钟，局间休息1分钟	2局，每局4分钟，局间休息30秒	2局，成年组每局3分钟、青少年组每局2分钟，局间休息30秒	2局，成年组每局3分钟、青少年组每局2分钟，局间休息30秒
分制	积分制（将对方摔倒即得1分）	3分、2分、1分	3分、2分、1分	3分、2分、1分	3分、2分、1分	3分、2分、1分	3分、1分
3分标准		将对方摔倒使之躯干（肩、背、臀、胸、腹、胯）及头着地，自己保持站立	将对方摔倒使之躯干（肩、背、臀、胸、腹、胯）及头着地，自己保持站立	将对方摔至两脚同时离地（有一腾空过程）后躯干（肩、背、臀、胸、腹、胯）或头着地，自己保持站立	将对方摔至两脚同时离地，身体成腾空状，并使其身体产生翻转，躯干着地，自己保持站立	将对方摔成躯干着地（肩、背、胸、腹、头、体侧），自己保持站立	将对方摔成头、躯干、肘部、肘部着地自己保持两脚站立

第二章　中国式摔跤的形成与发展

（续表）

时间	1958版	1979版	1983版	1987版	2007版	2017版	2020版
胜负判定	积分制，以胜利局数多少判定	得分多者获胜；优势获胜：相差15分	得分多者获胜；优势获胜：相差10分	得分多者获胜；优势获胜：相差10分	得分多者获胜；优势获胜：相差8分	得分多者获胜；优势获胜：相差8分	得分多者获胜；优势获胜：相差8分

资料来源：依据1958、1979、1983、1987、2007、2017、2020版《中国式摔跤竞赛规则》归纳整理。

以不断完善，更加符合现代竞技体育运动的发展要求。

2016年1月15—16日，"中国摔跤协会中国式摔跤发展委员会"成立，开启了中国式摔跤的新纪元。中国式摔跤发展委员会下设教练员委员会、裁判员委员会、竞赛委员会和推广委员会，负责制订中国式摔跤工作年度和长远计划，负责教练员、裁判员和运动员的培训、选拔和训练工作的开展，组织、协调和监督中国式摔跤各项赛事的管理工作，负责中国式摔跤运动对外宣传和推广，积极开展中国式摔跤国际交流活动。2016年12月，中国式摔跤发展委员首次年会在河北廊坊举行，正式出台了《中国式摔跤十年发展规划》，这对于中国式摔跤项目的未来发展具有重要意义。发展规划提出，至2026年中国式摔跤在社会普及、行业规范、竞赛组织、人才储备、文化传承、产业市场六个方面力求取得重大进展。十年发展规划不仅明确了发展目标和阶段任务、时间节点、工作部署，还提出未来的发展方向是在继承传统的基础上，通过改革创新，将中国式摔跤打造成既保留中国传统文化又适应现代人们健身需求，同时在国际上具有竞争力的现代体育项目[①]。

二、中国式摔跤的国际化传播

从20世纪80年代起，欧美一些国家开始兴起中国式摔跤运动。常东升、翁启修、袁祖谋等为中国式摔跤在海外的传播发挥了重要作用。进入90年代以后，法国、波兰、比利时、芬兰等国的中国式摔跤逐渐推广，许多国家建立了中国式摔跤俱乐部，并相继成立中国式摔跤协会。法国从1992年起，每隔两年都要举办"巴黎市长杯"中国式摔跤国际邀请赛，规模越来越大，成为该项目

① 袁雪婧.《中国式摔跤十年发展规划》出台［N］.中国体育报，2016-12-12（2）.

最有影响的国际赛事之一。中国式摔跤在国外之所以发展迅速，主要有三方面原因：一是，实用性强。中国式摔跤的一招一式，都可以有效地用于防身和制敌。二是，观赏性强。中国式摔跤讲究招式和速度，看起来有美感，比赛时简洁明了，胜负一望而知。三是，民族性强。中国式摔跤讲究斗智斗勇，不尚蛮力，讲究以巧取胜，以技赢人，充分体现了中国传统文化和智慧。基于上述因素，中国式摔跤在过去十几年的时间里在世界各国发展十分迅速，大有后来居上的趋势，这无疑为中国式摔跤运动的发展提供了新的历史机遇。一个带有中国民族特色的古老运动，正在世界现代体育舞台上粉墨登场[①]。但是，中国式摔跤在国际化的过程中也存在竞赛制度与国际社会认同度发展不协调，理论研究滞后技术实践发展等问题，亟待解决。

思考题：

（1）在奴隶社会时期，促进中国式摔跤发展的动力来源是什么？为什么是这样？

（2）隋、唐时期中国式摔跤盛行的原因是什么？它对国外的影响给你什么启发？

（3）为什么在明代，摔跤会出现低迷的情况？

（4）从古代中国式摔跤的定型，你认为一个项目的发展需要哪些条件？这些条件都发挥着什么样的作用？

（5）西方文化的传入与近代中国式摔跤变迁存在着什么样的关系？

（6）从中国式摔跤发展的曲折历程，你明白了什么道理？

（7）如何促进中国式摔跤的国际化传播？

（8）根据所学知识，你认为怎么样才能让中国式摔跤得到更好的发展？

本章编撰：汪如锋

---

① 苏学良.中国式摔跤的战略研究［J］.体育文化导刊，2003（3）：11–13.

第三章　中国式摔跤礼仪规范

讲礼貌、重礼仪是具有社会属性的现代人的一项重要标志，是一个人的基本素养。无论是在家庭、学校、社会，一个人展示给他人的首先是其文明礼貌方面的素养。是否讲究文明礼貌，不仅是个人的事，而且直接影响周围的人，乃至社会风气、民族尊严。礼仪是一门学问，需要专门的指导。一个文明礼貌的人与他所接受的教育密不可分，对青少年进行文明礼貌方面的系统指导与训练，对其文明礼貌素质的形成是大有益处的。

礼仪是中华优秀传统文化的重要组成部分，《论语》曰："不学礼，无以立。"民族传统体育礼仪是民族传统体育活动必不可少的组成部分，是民族传统体育特有的文化标志。中国式摔跤练习者在学习中国式摔跤时应注重内在的道德修养，这督促着我们时时刻刻都要做到知礼守礼。

第一节　中国式摔跤礼仪综论

中国式摔跤十分重视礼仪、礼节在立德树人方面的作用，强调习练中国式摔跤要尊师重道、尊重对手、文明礼貌，并将身心融入其中，在训练与竞赛中升华思想，从而提高自身的修养。

中国式摔跤的礼仪不仅是从敬礼这一方面表现出来的，它还包含着人内在的一种修养。练习中国式摔跤不但可以修身养性、培养人优秀的意志品质，还可以强身健体，练就人健全的体魄。在练习中国式摔跤的过程中，要严格遵守道德规范，增强法制观念，要有爱国家、爱民族的热情，要在尊敬长辈、尊重他人、遵守规则的前提下磨炼意志。

一、尊师团结

尊师重道是我国的传统美德，中国式摔跤练习者应该尊敬师长、前辈，在行为举止上要谦和礼让，恭敬聆听教师的教诲，认真学习并实践，好学上进，珍惜师长和前辈们的辛勤付出。中国式摔跤练习虽然是以双方格斗的形式进行的，但是不管它怎样激烈，由于双方都是以提高技艺和磨炼意志品质为目的，所以在双方各自内心深处都必须持有向对方表示敬意和学习的心理，在练习或比赛前后都一定要向对方敬礼。中国式摔跤是对练习者精神和身体的综合修炼，能在艰苦的练习过程中培养出健全的人格和强健的体魄，并能获得防身自卫的本领，因为练习者在精神锻炼环节中就包括"礼仪"的教育和熏陶，这对培养他们坚韧不拔的意志品质，养成恭敬谦虚、友好忍让的态度和相互学习的作风有良好的促进作用。

二、文明礼貌

中国式摔跤有着数千年的文明史，其博大精深的传统文化培养了一代又一代中国人。中国式摔跤运动强调练习者在学习与训练中要讲文明、懂礼貌，尊重师长，团结友爱。我国素有礼仪之邦之称，有悠久的道德传统。中国式摔跤是我国的传统项目，也是我国国粹，它要求习练者平时举止端正大方、有礼貌，言谈话语有素养。在中国式摔跤比赛的开始和比赛的结束后都要行"抱拳礼"，以表示对队友的友好和尊重，从而保证了文明性，因而在一定程度上减少了一些职业拳击、泰拳、自由搏击术的血腥。

中国式摔跤继承和发扬了中国民族重礼仪、讲道德的优良传统，蕴含着一种内在的"尚武崇德"的精神。它不但可以培养人们尊师重道、讲礼守信、宽待他人、严于律己的品质，还可以培养人们勇敢、顽强、坚毅、不怕苦、不怕累、敢于拼搏的精神。

三、修身遵法

中国式摔跤习练者的修养主要通过个体的行为来体现。中国式摔跤在训练中要讲究礼仪，在日常生活中也要求以礼待人，这是中国式摔跤对儒家思想的继承和发扬。"礼仪"教育是一种具有良好心理品质的基础教育，我们应该把它当作一种教育模式，渗透到中国式摔跤教学训练的各个环节中去，力争将这种礼仪形式转化为心理动力，使之成为练习者掌握技术、发挥水平的催化剂。例如，在训练中要完成揣、入、抱摔等技术性强、难度较大的动作，练习者自身身体各部位要协调、和谐、自然、平衡，更重要的是保持心态的平和；实战比赛中，当裁判员误判时，保持良好的心态尤其重要，要不急不躁、宽容大度。往往这种心理品质更能激发运动员的斗志，使他们的技能水平得以最佳发挥。在不失礼、不违反规则的前提下，运动员要用尽一切技能、想尽一切办法积极主动进攻。在激烈、残酷的竞争中，将身心容入其中，在训练过程中将思想升华，从而提高自身的修养。

第二节　课堂礼仪规范

课堂是习练传承中国式摔跤的主要空间场所。中国式摔跤术德并重、内外兼修，在上课过程中，对运动员（学生）和教练（教师）的仪表、行为等各方面都有着明确的要求。

一、运动员的课堂礼仪

中国式摔跤运动员大部分的时间都在训练中度过，训练不仅可以提高运动员的竞技技术水平，也可以培养他们文明礼貌、术德并重的中国式摔跤精神。运动员要在平时的训练中，注重内外兼修，严格要求自己，不断提高自己的技艺，完善自己的人格。

（一）仪容礼仪

（1）在课堂训练中，每位运动员头发要整理干净利索，不要凌乱，女运动员在训练期间不得涂抹指甲油。

（2）女运动员可以化淡妆，涂口红，但不可浓妆艳抹；男运动员需剃须，面部干净。

（3）保持良好的精神状态，不带疲倦困意训练。

（二）着装礼仪

（1）训练时要注意讲究卫生，衣着干净、整齐，要穿专业的中国式摔跤服和中国式摔跤鞋进行训练。

（2）不能穿高跟鞋、篮球鞋或其他鞋跟较高的鞋子进行中国式摔跤训练，更不能穿拖鞋或者光脚进入中国式摔跤训练房。

（3）男运动员在训练时不可以穿短裤或打赤膊，女运动员在训练时不能穿短裤或裙子，必须穿中国式摔跤服。中国式摔跤服是根据中国式摔跤运动项目的技术特点设计的，分为大红、天蓝两种颜色的训练服。在训练课上，运动员应该选择中国式摔跤项目指定的训练服。

（三）言行举止礼仪

（1）运动员在进行训练时，一定要举止文明，不能在训练场地内嬉笑打闹、大声喧哗。

（2）说话要谦虚、礼貌，不讲脏话、秽语。

（四）爱护训练场地与器材

（1）通常在中国式摔跤训练场所的适当位置悬挂国旗、中国式摔跤"武德守则"等。

（2）中国式摔跤运动员进入和离开训练馆时，必须向国旗和场馆行鞠躬礼。

（3）运动员要注意自己衣服和鞋子的卫生，不能将训练场地的地毯弄脏，不要穿着满是泥巴的鞋子在训练场地乱踩踏。

（4）要爱护训练场地的中国式摔跤器材，不能人为恶意地毁坏。对待中国式摔跤器械要像爱护自己的生命一样，训练时要小心使用，不训练时要细心收好。

（五）尊师重道，注重课堂礼仪

中国式摔跤课堂是一个严肃的教育场所，师生要用中国式摔跤礼仪的标准来约束自己，认真做到言行有礼。

1. 技术教学与训练礼仪

上课铃响时，班长或值日生整队集合（同学间距约10厘米），清点人数完毕，向老师（教练）报告时，师生均行"抱拳礼"。老师向学生说"同学们好"的同时，行"抱拳礼"；学生在答"老师好"的同时，也行"抱拳礼"；然后落手立正；礼毕，上课开始。

下课时，老师向学生说"同学们再见"，学生在答"谢谢老师，老师再见"的同时，互行"抱拳礼"；老师落手站立，然后学生落手立正；礼毕，师生下课。

2. 理论课堂礼仪

当老师走向讲台时，班长发口令："起立，敬礼！"学生起立行"鞠躬礼"；老师看学生已行礼端正，也行"鞠躬礼"答谢；班长发口令："坐下！"学生就座，开始授课。

下课时，老师说："下课！"班长发口令："起立，敬礼！"学生起立行"鞠躬礼"；老师看学生已行礼端正，也行"鞠躬礼"回谢；礼毕，下课。

二、教练员/教师的课堂礼仪

中国式摔跤教练员与运动员接触最多的场合就是训练场，教练员、教师是整个训练活动的主要引导者和组织者。在训练过程中，教练员、教师不仅要对运动员、学生教授专业技术，还应该以身作则，树立有礼有德的师者形象，并重视对学生中国式摔跤礼仪修养的教导。

（一）仪容礼仪

1. 发型

中国式摔跤教练员、教师的头发要经常进行清洗、梳理、修剪，注意卫生和美观。男教练员、教师的头发要长短合适，女教练员、教师的发型要以整齐为原则，尽量不要因为追逐时髦而使自己的头发五颜六色、稀奇古怪。

2. 面部

面部是人的"门面"，也可以说是一个人个人形象最为重要的地方，因此，在讲究礼仪时应格外注意。男教练员、教师要注意自己的面部清洁，要经常刮胡须，以免给学生留下消极颓废、不注重形象的不良印象。女教练员、教师的面部可适当化妆，但是在中国式摔跤训练场上最好以素颜或淡妆为宜，给运动员留下淡雅、大方、美好的印象。

3. 个人卫生

教练员、教师要注意口腔和牙齿的清洁卫生，上课前要注意刷洗、漱口，最好不要吃大葱、大蒜、韭菜等有异味的食物，以免引起学生的反感。教练员、教师要注意经常清洁、修剪指甲，不能留长指甲，指甲要保持干净、卫生，指甲内不能藏有污垢。除此以外，还要勤洗头发、勤洗澡、勤换衣服和鞋袜，时刻保持干净、卫生，避免身上有异味。

（二）着装礼仪

（1）教练员、教师着装一定要合适、得体，出行什么样的场合、从事什么样的活动，就要穿着相应的衣服。

（2）中国式摔跤教练员、教师在训练场上一定要穿中国式摔跤服或者运动服，并且保持衣服干净、整洁、得体。

（3）鞋子要穿中国式摔跤鞋或平底运动鞋。

（4）女教练员、教师一定要特别注意，不能在对运动员、学生进行中国式摔跤训练时穿裙子、短裤、牛仔裤等不适合中国式摔跤活动的衣服，更不能穿凉鞋、高跟鞋等容易扭伤脚的鞋子，一定要穿专业的中国式摔跤鞋或平底运动鞋。

（三）言行举止礼仪

教练员、教师在指导训练时，禁止在训练场上吸烟及酗酒后指导训练，说话应温柔、大方、流利。教练员、教师在训练场上一定要举止文明，从点滴细节做起，做到精神饱满、稳重大方、自然得体、挥洒自如。

1. 手势

手势是中国式摔跤教练员、教师在训练课时，集合、整队、讲解等所发出的指令性信息，常与口哨、口令等配合使用。手势美是一种动态美，在使用手势时一定要做到规范、适度，遵循欲上先下、欲左先右、欲扬先抑的原则。手势不宜过于单调，但也不宜过于烦琐。中国式摔跤教练员、教师的手势应表现大方、自然、干净、利落、明确、果断、潇洒。

2. 站姿

中国式摔跤教练员、教师站立要像松树一样挺拔，具体要求是正步直立、收腹挺胸、头部端正、双腿并拢、双肩平直、双目平视、双手自然下垂在身体前交叉；不要歪头、斜胯、挺腹、弯腿，不要将手插在裤袋里或双手交叉含抱于胸前，更不要做些习惯性的"小动作"。中国式摔跤教练员、教师健美的形体、潇洒的风度、昂扬的气质，都会给学生带来视觉上美的感受。

3. 坐姿

教练员、教师在训练场上观看中国式摔跤运动员训练时，坐在椅子上也要注意自己的姿态，不可东斜西歪的没有"坐相"；入座时，不宜坐满整个座位，一般占据其位置的2/3；就座后，要挺直上身、端正头部、目视前方，肩、颈、背、腰要保持正直，不要前俯后仰、歪肩斜背、含胸驼背或半躺半坐，更不要将脚搭在椅子上，一定要保持一个中国式摔跤教练员、教师的威严。

4. 走姿

中国式摔跤教练员、教师的走姿应该精神饱满、朝气蓬勃、轻松矫捷、稳健大方，切不可腆肚后仰、左顾右盼、无精打采、抢先拖后或边走边大声说笑，也不能将两手插入衣袋、裤袋，要在自己的行走停顿之间时刻展现中国式摔跤教练员、教师的风采。

（四）建立平等的师徒关系

21世纪的现代社会，是人人讲文明、讲礼貌的社会，教练员、教师与运动员、学生之间的关系也应该是平等的关系。俗话说"良师益友"，好的老师就像学生的朋友一样，中国式摔跤师徒之间应该建立平等、友好的关系。中国式摔跤训练是一个"教"与"学"的互动过程，教练员、教师负责"教"，是训练活动的主导；运动员、学生负责"学"，是训练活动的主体，两者之间是教育者与被教育者的关系，也是师生关系。古人云"教学相长"，"教"与"学"是相互促进、相互提高的过程，教练员、教师在向学生教授技艺的过程，也是一个自己巩固、提高、进一步学习的过程。教练员、教师应该放下身架，与运动员、学生相互协调、共同配合；对运动员、学生不能过于疏远，应善于了解和倾听运动员、学生的感受，彼此之间友好地交流、和谐地沟通，以保证训练任务的顺利进行。

（五）以身作则，模范地传达中国式摔跤礼仪精神

中国式摔跤教练员、教师承载着弘扬国术、发展民族传统体育文化、为国家培养优秀中国式摔跤运动员、学生的重大责任，必须时刻有一种使命感和责任感，不断地提升自己、充实自己，并严格地要求自己，使自己在培养中国式

摔跤人才的道路上不断积累经验、发光发热。教练员、教师与运动员、学生接触最多的场合就是训练场，在训练场上，教练员、教师要以身作则，严格地要求自己，因为教练员、教师的一言一行都会被运动员、学生看在眼里、记在心里，无形之处已经对运动员、学生产生了潜移默化的影响。教练员、教师在训练场上，不仅要向学生展示自己高超的技艺和训练水平，还要向他们传达中国式摔跤以礼待人的体育精神。高水平的中国式摔跤教练员、教师必定是术道并重、德才兼备、知书达礼、内外兼修的有涵养的人。此外，中国式摔跤教练员、教师应该通过自己的一言一行，在日常训练中去感染每一位运动员、学生。

第三节　比赛礼仪规范

一个优秀的中国式摔跤运动员不仅要在赛场上展示自己高超的技艺，也要展示良好的道德素养和精神风貌。同时，在中国式摔跤竞赛中，教练员与裁判员也要遵守相应的礼仪规范，共同营造并彰显中国式摔跤的深厚文化内涵。

一、运动员的比赛礼仪

（一）仪容礼仪

（1）运动员仪表要整洁大方，颜面要洁净，皮肤暴露处不得涂抹油脂或油彩。

（2）运动员不得佩戴各种首饰、硬质发夹及硬质护件。

（3）运动员的头发不应长于10毫米，男运动员的胡须应刮净，长发必须编扎，运动员的指甲不得长于1毫米。

（二）着装礼仪

（1）运动员上场之前必须穿跤衣跤裤，且边条颜色要一致。

（2）比赛进行中，运动员经场上裁判员指令，才能整理服装。

（3）女运动员跤衣内必须穿无袖紧身上衣，不得穿戴有金属或其他硬质框架的内衣。

（三）言行举止礼仪

（1）检录时，运动员于赛前30～50分钟到达检录处，做好检录的准备，同时带好本人身份证及一切相关证明听从检录组的一切安排，并且坐在检录处等待，以免错过检录时间。

（2）运动员听到上场比赛的点名时，应向裁判长行"抱拳礼"，然后上场。

（3）运动员上场当被介绍时，先面向裁判长原地行"鞠躬礼"，再转向观众行鞠躬礼，然后双方运动员面对面，互行"鞠躬礼"。

（4）比赛结束后，应向裁判长行"抱拳礼"，以示答谢。

（5）比赛结束后，当听到宣布最后胜负时，应先向裁判长行"鞠躬礼"，然后转向观众行"鞠躬礼"，再面向对方行"鞠躬礼"。

二、教练员的比赛礼仪

（1）教练员应该按照规定整齐着装，并在比赛开始之前坐在教练席上。

（2）当比赛进行时，要规范自己的言行举止。教练员在比赛场内不能吸烟、不能乱丢垃圾、不能大声接打电话，以及制造其他干扰比赛正常进行的噪声。

（3）教练员可以为自己的运动员加油、叫好，但不可以辱骂另一方。其他单位的运动员进行比赛的时候，教练员自己以及自己的运动员不能起哄、乱叫、鼓倒掌、喝倒彩，干扰其他单位运动员进行比赛。

（4）当裁判员的打分出现问题或者引起教练员质疑时，教练员不能到仲裁席和裁判席大吵大闹、干扰比赛秩序，应将自己的问题通过合法的程序进行申诉。

（5）教练员在比赛场上要以身作则，注意自己的言行举止，保证比赛可以顺利进行，不受干扰。

三、裁判员的比赛礼仪

裁判员在处理裁判事务中，应当大公无私、实事求是、客观公正。中国式摔跤裁判员执裁道德之本就是"公正"。"公正"就是要出于公心，以事实为依据，以规则为准绳，做到不偏不倚、秉公执法，不徇私情、不感情用事、公而忘私。做好裁判工作，必须牢牢掌握好相关的专业知识和专业技能，但是更重要的一点是要具有大公无私、实事求是、客观公正的精神和态度，有时还需要灵活处理问题，将心比心，站在运动员的角度去思考问题，否则，就会把知识和技能用错了地方，甚至弄虚作假。中国式摔跤竞赛规则对于所有参赛运动员都是平等的，任何人不可以搞特殊。裁判员执裁过程中要从实际出发，从运动员的现场发挥水平出发，实事求是地进行评判。中国式摔跤比赛中，各个队的教练员、运动员都十分关心比赛评分过程，各个裁判员的每一次评分都是同时公开亮出的，并接受赛场所有运动员、教练员和观众的检验，所以是公开透明的，要在执裁中全面准确地执行规则精神和条文，要提高评判的准确性、科学性，力求不出错或少出错、无漏判。严格执裁、准确评判才能防患于未然，才能使比赛客观、公正。

中国式摔跤裁判工作目前总体来说是业余性质的临时性工作，裁判员队伍这个临时组成的团队要在短暂有限的时间内完成复杂、庞大、紧张的竞赛裁判任务，必须对每名裁判员都明确任务和分工，团队的每位成员必须服从总裁判长统一的安排和调遣。这就要求裁判员要严格服从上级的管理，严格遵循比赛施行规则和纪律，对裁判长分配的工作要认真负责、充满热情；对赛场评判技术精益求精，重视临场执裁和学习的机会，善于互相帮助、互相学习、互相沟通、互相交流；不计较个人得失，以集体利益为重，做到善于团结他人、善于合作、同舟共济、群策群力；要具有甘于奉献的精神，使中国式摔跤裁判员这个临时组成的团队拧成一股绳，团结成为一个剑锋所指、所向披靡的坚强战斗力的整体。每名裁判员都是为中国式摔跤比赛服务的，要具有为人民服务的精神，努力为运动员服务、为教练员服务、为中国式摔跤竞赛工作服务，克己奉公、廉洁自律、兢兢业业、一丝不苟地做好各项工作，为中国式摔跤事业的发展作出自己力所能及的贡献；在竞赛规则允许的范围内，为运动员创造优异成绩提供良好的条件。裁判员在整个中国式摔跤比赛场上要严于律己，时刻为整个裁判员队伍树立良好的形象，保证中国式摔跤比赛顺利进行。

（1）裁判员穿着统一的服装，佩带统一的裁判标志。

（2）比赛开始，广播员介绍技术监督委员会成员时，起立行"抱拳礼"；介绍仲裁委员会时，被介绍者原地行"抱拳礼"；当介绍总裁判长、裁判员时，被介绍者左脚向前一步，右脚跟上并步站立，行"抱拳礼"；礼毕，右脚后退一步，左脚向后与右脚并步站立。

（3）在比赛开始或结束时，当运动员向裁判长行"抱拳礼"或"鞠躬礼"时，裁判长应点头示意，以示还礼。

四、观众的观赛礼仪

（1）观众应积极配合赛场的安检工作，观看比赛时，应该对运动员给予鼓励和尊重，不要对比赛形式和运动员指指点点、乱喊乱骂，以免影响他人观赛。

（2）在加油助威时要使用文明语言，同时要注意控制自己的情绪。

（3）服装仪容要整洁，不能坦胸露背，带进场馆的食品包装纸壳等投入指定的垃圾桶或看完比赛后打包带出场馆，妥善处理。

（4）场馆内不要吸烟，手机要关机或设置成震动、静音状态。在比赛前升中华人民共和国国旗、奏中华人民共和国国歌时，要庄严肃静、全体起立。

第四节　日常礼仪规范

除了在中国式摔跤课堂、竞赛过程中有着明确的礼仪要求外，在日常生活中，中国式摔跤的学生、运动员、教师、教练员、裁判员等主体也要遵守一定的礼仪规范。

一、运动员的日常礼仪

（一）仪容礼仪

（1）中国式摔跤运动员、学生仪表的基本要求是整洁、朴素、得体，要注意保持面部整洁，洗脸时注意鼻、眼等处的分泌物，用餐后注意嘴巴周围、牙齿等处是否有残留物。

（2）运动员应经常清洗头发，男运动员最好不要留长发与胡须，标准的发型应该是覆额、侧不掩耳、后不及领；女运动员发型变化比较多，随着时代的变迁，中国式摔跤运动员烫发、染发已经被大家所接受，但最好不要染红色、绿色等比较扎眼的颜色，更不要梳留类似爆炸头、寸头、光头等另类的发型。

（3）运动员应保持手部干净，经常洗手，勤剪指甲，不要留长指甲。女

运动员不要涂一些黑色、绿色、蓝色等醒目颜色的指甲油。

（二）着装礼仪

（1）在我国，中国式摔跤运动员日常生活中并没有统一标准的服装，但基本的要求应该是干净整洁、朴素大方，与学生身份相符。

（2）中国式摔跤运动员、学生不要在校园内的公共场所穿着过于杂乱、暴露、透视、短小、紧身的服装，尤其不要穿着拖鞋、吊带衫、背心等进入课堂。

（三）言行举止礼仪

（1）说话态度要诚恳、亲切，声音大小要合适，语调要平和沉稳，尊重他人。

（2）站立姿势以身躯正直为美。如果站立时，身躯歪斜、弯腰驼背、全身乱动或将身体靠在门上或者其他东西上，就会破坏人体的线条美，而且要特别提醒的是，在和别人，特别是在老师、领导等讲话的时候，运动员不要双手抱于胸前。

（3）坐相要端正稳重。正确优美的坐姿，会给人以文雅稳重、自然大方的美感；相反，不良的坐姿不仅给人不良的印象，同时也会影响到自身健康。

（4）中国式摔跤运动员、学生要避免高架"二郎腿"或"4"字腿，坐的时候不要腿脚抖动摇晃、左顾右盼、摇头晃脑、上身前倾后仰或弯腰驼背，也不要双手端臂、抱脑后、抱膝，双腿前伸或脚尖指向他人更是很不礼貌的，落座后尽量不要随意挪动椅子，更不要发出响声。

（5）行姿应步幅适度、步速平稳，不要垂头丧气或懒散闲逛，应该体现出年轻人的蓬勃朝气。遇到认识的人应面带微笑、礼貌招呼，不要装作没有看到或冷眼扫过。走路时切不可横冲直撞，遇到老师、长辈应礼貌让行。

（6）中国式摔跤运动员在面对他人时，应面含微笑、注视对方。微笑是一种国际礼仪，能充分体现一个人的热情、修养和魅力。

（7）不要在校园内勾肩搭背，不要在公共场所有亲密行为，尤其是在教学区、教师办公区、中国式摔跤训练房等处；要尽量给人以自信、严谨、独立的印象。

二、教练员的日常礼仪

（一）仪容礼仪

（1）头发整洁，发型得体大方。
（2）仪容整洁，男教练员、教师胡须勤刮，指甲常修剪；女教练员、教师指甲长短适中，化妆以淡妆为相宜，妆容和服饰搭配和谐，不使用香味过重的化妆品，化妆与年龄相符合。
（3）口腔卫生，牙齿清洁。

（二）着装礼仪

（1）服饰整洁、随性、得体、大方，色彩搭配合理。
（2）鞋子与衣服和谐搭配，保持鞋子整洁。女教练员、教师围巾、领巾、手包应与服装颜色和谐搭配。

（三）言行举止礼仪

（1）说话态度要诚恳亲切，声音大小要合适，语调要平和沉稳，尊重他人。
（2）站立时挺胸、收腹、抬头，双臂自然下垂或在体前交叉。
（3）穿礼服或旗袍站立时忌双脚并立，应以一只脚为重心，双脚适当错开。
（4）坐立时保持端正，女教练员、教师穿裙装坐沙发不应太靠里面。与人交谈时身体适当前倾，可根据内容需要做适当手势。

（5）走路时身体挺直，自然摆动双臂，不左右摇摆。在公共场所不大声喧哗、不随地吐痰，打喷嚏时背向他人并适当掩口。

三、裁判员的日常礼仪

（一）仪容礼仪

（1）头发应修剪梳理整齐，保持干净，禁止梳奇异发型。

（2）男裁判员不留长发（以发脚不盖过耳背及衣领为适度），不留胡须。

（3）裁判员指甲应修剪整齐，保持清洁，不得留长指甲，不准涂有色指甲油（裁判员因工作需要可除外）。

（二）着装礼仪

（1）着装应整洁、大方，颜色力求稳重，不得有破洞或补丁；纽扣须扣好，不应有掉扣。

（2）不得卷起裤脚，不得挽起衣袖。

（三）言行举止礼仪

（1）中国式摔跤裁判员在日常生活中要养成良好的习惯，和别人交流和谈话时语气温柔、诚恳，态度随和。

（2）不随地吐痰、不乱扔果皮纸屑、不乱丢烟头、废物等。

（3）在别人面前要时刻注意自己的形象，不要做不文雅的小动作，如当着别人的面修指甲、剔牙齿、挖耳朵、挖鼻孔、抓痒、打喷嚏、打哈欠、伸懒腰等。

思考题：

（1）课堂礼仪中，中国式摔跤运动员、学生应注重哪些方面？

（2）请简述课堂礼仪中，中国式摔跤教练员、教师言行举止礼仪的具体内容。

（3）在中国式摔跤比赛中，观众应注意的具体事项有哪些？

（4）请简述礼仪规范中，中国式摔跤运动员、学生言行举止礼仪的具体内容。

本章编撰：李春雷

第四章　中国式摔跤的服装与器械及传统练功方法

中国式摔跤在发展的过程中形成了既定的服饰、练功器械及体系化的练功方法。清代史学家赵翼在《行围即景·相扑》中说："黄幄高张传布库，数十白衣白于鹭。衣才及尻露两裆，千条线缝十层布。"这首诗中所记载的跤衣颜色、款式、材质等在当代都得到了有效的传承，而且现在的中国式摔跤服装经过进一步完善，更适合训练与比赛的需要。除跤衣外，中国式摔跤还拥有大棒子、小棒子、推子、皮条、沙袋等专用练功器械，并围绕中国式摔跤技术形成了系统化的练功方法。

第一节　服装与器械

跤衣，也叫褡裢，是众多中国式摔跤技术形成并产生作用的基础，同时它也是区别中国式摔跤与其他跤种的重要依据。完整的中国式摔跤服装，除了跤衣外，还有腰带、跤裤、跤鞋等装备。中国式摔跤的练功器械具有鲜明的项目特色，每一项器材都是紧密围绕提高中国式摔跤专项技能发明而来，这些传统练功器械在千百年的传承中已经成为中国式摔跤文化的重要组成部分。

一、服装

1. 跤衣

布料成分为全棉或含棉不低于70%的棉布，不可过厚、过硬或过滑，撕拉强度不少于2000牛顿。布料重量为成年1400克/米^2、青年1140克/米^2，面料应有凹凸纹路。跤衣颜色为白色。跤衣衣襟、袖口边缘缝有3.5厘米宽的红色或蓝色的色带。运动员穿着摔跤衣后抬肘关节与肩关节齐平后屈臂90°，袖口尺寸不小于8厘米。（图1）

图1　跤衣

2. 跤裤

跤裤布料为全棉或含棉量不低于70%的棉布，颜色与跤衣相同，沿裤缝外侧分别缝有3.5厘米宽的红、蓝色带。跤裤的底部与踝骨持平。（图2）

图2　跤裤

3. 跤带

跤衣带子宽度为3.5厘米，厚度为0.6厘米，颜色为红色或蓝色。扎腰带时跤带必须穿过穿孔由腹前绕至后腰，第二圈再绕回腹前打扁结，打节后带子余长35～40厘米。（图3）

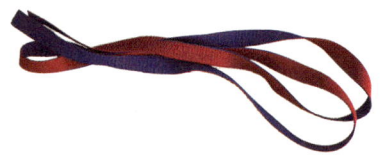

图3　跤带

4. 跤鞋

跤鞋为软底高腰跤鞋。（图4）

图4　跤鞋

二、器械

1. 大棒子

大棒子是中国式摔跤基本功练习常用的器械之一。大棒子练习可以使跤姿、跤架更加规范灵活，促进手、眼、身、步的配合与协调。跤谚有曰："大棒子练横。"大棒子对腰部的摇晃、拧、长、转和臀部的磨、支、盖、扠、轧、搁、横耘，以及腿部的崩、崴、背、盖等跤劲都有显著的锻炼效果。（图5）

因每个人的臂展和手的大小不一，所以大棒子的规格因人而异。大棒子长度的测量方法为：双手握住大棒子两端，一端放置于下颌正下方，另一端向外水平伸展，与臂展等长即可。大棒子围度的测量方法为：一手握住大棒子一端，拇指和食指之间留有一指的距离即可。

图5　大棒子

第四章　中国式摔跤的服装与器械及传统练功方法

2. 小棒子

小棒子是中国式摔跤基本功较为常用的练习器械之一。小棒子主要练习手部的拧、握之力，以及上肢的卷、支、夹、掖等专项力量。跤谚有曰："小棒子练拧。"（图6）

图6　小棒子

因每个人的手的大小不一，所以小棒子的长短与粗细因人而异。小棒子长度一般为大棒子长度的1/3，约三拳长；小棒子围度的测量与大棒子一致。

小棒子中间通常会留一个小孔，其主要作用为，用细绳穿过其间，栓上重物，练习卷棒。

3. 皮条

皮条一般为两条牛皮制作而成的带状物。皮条的两端手握处缝合在一起，便于抓握，中间部分两股皮条各自独立。皮条的长短可根据实际情况确定。皮条主要练习弹抖劲，快速抖皮条时，中间的两股皮条会相互撞击，发出清脆的声音。抖皮条对练习手的抓握、捅、拉、挣、抖及腰的转、转、绷、长等都有很好的功效。（图7）

图7　皮条

4. 铁链子

铁链子一般由环环相扣而成的铁链以及两端的握把共同构成。铁链子也主要用来练习弹抖劲，铁链子较重，对手部掌控有着特定要求。一般在松弛状态下需要铁链子有一定的拧缠，然后再配合一定的步法，双手用力将其拉开。（图8）

5. 推子

推子是用青石雕刻而成小型"石锁"状器械，也可以用铁皮和钢管焊接而成，其重

图8　铁链子

量因人而异。推子的长度为20~25厘米，宽为10~15厘米，高约5厘米。握把处的粗细一般为一手握住时，拇指和食指之间有一指的距离即可。（图9）

推子是中国式摔跤基本功器械之一，主要练习手臂的捅、拉、拽、耘和手腕的力量。其练法较多，主要有平推、钻推、耘推、支推等，练习推子可配合勾、别、崴、踢、耙、搓窝等技术动作使用。

图9　推子

6. 沙袋

沙袋一般是由帆布或厚的棉布缝制而成的35~40厘米的正方形袋子，内部装上沙子或沙子与其他颗粒状物体的混合物。沙袋可单人练习，也可双人或多人练习，主要是通过抛接性练习来提高手指的抓握能力。（图10）

图10　沙袋

7. 硕绳

硕绳即粗绳，是中国式摔跤基本功练习常用器械之一。硕绳的粗细因人而异，一般约为一手握住绳时，拇指与食指能够相接即可。硕绳的锻炼能增强手的握力、抖力、翻力、拽力等专项力量，以及手腕的力量，可以配合崴桩、长腰、翻腰、踢、勾、别等动作进行练习。（图11）

图11　硕绳

8. 霸王砖

霸王砖一般为大型耐火砖或城墙砖，也可用钢板焊接制作而成，主要是通过翻转霸王砖练习来锻炼手部的拿、捏、提、按等专项素质。（图12）

图12　霸王砖

第四章　中国式摔跤的服装与器械及传统练功方法

第二节　传统练功方法

中国式摔跤的传统练功方法主要由徒手基本功、专项技术基本功及器械基本功三个方面构成。这些基本功与跤绊密切相关,是中国式摔跤入门阶段必须掌握的方法,牢固掌握这些基本功可为后期专项技术的进一步提高打下基础。

一、徒手基本功

徒手基本功是中国式摔跤初学者必练的功法,用来培养其基本身体素质。

（一）踢腿

1. 动作方法

目视前方,含胸收腹,双手握拳置于体侧,两脚开立,略宽于肩,目视前方。双腿微屈,右腿绷直勾脚尖上踢至额头高度,支撑腿稍屈,全脚掌触地站稳。左侧方法相同,方向相反。（图13）

2. 动作要点

摆动腿伸直,上踢速度要迅捷;上体保持直立,不可前俯。

图13　踢腿

（二）抽腿

1. 动作方法

两脚开立，略宽于肩，两手握拳置于体侧，目视前方。右脚向左前方上步，脚尖稍内扣，同时屈膝。左腿背步插于右腿后，双腿下蹲，左膝置于右小腿外侧，右脚稍外展，左脚脚前掌支撑，脚跟离地。以左脚的脚前掌为轴，身体直立向右转180°，右小腿向上翻折置于左膝上方，跟随身体一起向右抽出。左侧方法相同，方向相反。（图14）

2. 动作要点

小腿主动上翻外抽，抽腿时要以腰带腿，快速，轻落。

图14　抽腿

（三）盘腿

1. 动作方法

两脚开立，略宽于肩，两手握拳置于体侧，目视前方。双腿微屈，右膝外展，右小腿向内折叠，向上盘至左腹股沟处，脚向内扣。向右拧腰转胯，支撑腿直立。左侧方法相同，方向相反。（图15）

2. 动作要点

大小腿折叠盘至水平高度，以拧腰转胯带动小腿上盘，协调用力。

图15　盘腿

（四）跪腿

1. 动作方法

两脚开立，略宽于肩，双腿微屈，两手握拳置于体侧，目视前方。左臂向左屈折至胸前，向上、向左下画弧摇摆至体侧，右臂向后、向上、向下直臂贴住耳际摇至体侧，目视右拳。右脚前掌扒地，同时小腿快速向后折叠，触碰到臀部。左侧方法相同，方向相反。（图16）

2. 动作要点

肩关节充分舒展，扒地有力，跪腿轻快。

图16　跪腿

（五）过腿

1. 动作方法

两脚开立，略宽于肩，双腿微屈，两手握拳置于体侧，目视前方。右脚向左斜上方上步，脚尖略扣，身体微左转。左脚背步，双腿屈膝下蹲，左腿膝关节从右腿小腿外侧穿出，左腿在下，右腿在上。左脚脚前掌支撑，脚跟离地，右脚稍外展。臀部坐于左腿脚跟上，成卧步。起身右转，右腿勾脚尖向右侧外摆，两臂向两侧伸直打开，双手成立掌。左侧方法相同，方向相反。（图17）

2. 动作要点

摆动腿伸直，摆动速度要快，髋关节充分伸展，摆动至体侧；支撑腿伸直，全脚掌着地。上体保持正直，沉肩，两臂伸直。

图17　过腿

（六）涮腰

1. 动作方法

两脚开立，略宽于肩，双腿微屈，两手握拳置于体侧，目视前方。上体向左下弯腰俯平，左手回收至左腰间，右手向左前方伸出，重心左移，成左弓步。上体向右侧摆动，左手伸直随之摆动至右前方，右手直臂摆动至身后，重心右移，成右弓步。上体起身，向左转动，充分后仰，左手向右、向后、向左摆动，右手随身体向后、向左摆动，头向后仰，目视后方。接着，身体继续向左翻转，俯身，重心移至左腿，左手摆至左后方，右臂摆至右前方，成左弓步。完成后身体直立，异侧方法相同，方向相反。（图18）

2. 动作要点

腰腹松紧适度，俯身时上体要平，后仰充分，两臂摆动时尽量伸直。

图18　涮腰

（七）扇腰

1. 动作方法

两脚开立，略宽于肩，双腿微屈，两手握拳置于体侧，目视前方。双手交叉合抱于胸前，腰背伸直，上体下俯，两腿保持正直。上体完全下俯后起身，腰背伸直，抬头。完成后，身体直立。（图19）

2. 动作要点

上体下俯和上抬过程中，保持腰背伸直；完全下俯后要胸部贴住腿部，腿部不得弯曲。

图19　扇腰

（八）长腰

1. 动作方法

两脚开立，略宽于肩，双腿微屈，两手握拳置于体侧，目视前方。上体向前下俯，随后上体向左摆动，左臂向左摆至身体左侧，右臂向左摆至头前方，向左变脸。两脚蹬地，两腿伸直。上体压平，由左向右摆转，双腿略弯曲。右臂向右摆至身体右侧，左臂向右摆至头前方，两脚蹬地，两腿伸直，向右变脸。（图20）

2. 动作要点

上体充分下俯，转腰、蹬腿要充分，用力要协调。

图20 长腰

(九) 大崴桩

1. 动作方法

两脚开立,略宽于肩,两腿微屈,两手握拳置于体侧,目视前方。左臂由下向上收至胸前,拳心向下,右臂屈肘向后、向上摆动至右肩上方,拳心向前,目视右拳。随后,左臂外翻收至左肋间,拳心向上,右臂从上向下轮砸至右髋前,拳心向下;同时,右脚蹬地向左转胯,成左弓步。右侧方法相同,方向相反。(图21)

2. 动作要点

转胯迅捷,摇臂与转胯配合协调。

图21 大崴桩

二、专项技术基本功

练专项技术基本功的目的是提高摔跤技术动作质量,强化技术力度和速度,提高技术标准性。

(一)跳蹦子

1. 动作方法

两脚开立,略宽于肩,两手握拳置于体侧,目视前方。右脚向前迈半步,重心下降,成半马步,双手向前下方送出,左手在后、拳心向上,右手在前、拳心向下。左脚背步,双腿屈膝下蹲,左腿膝关节从右腿小腿外侧穿出,左腿在下,右腿在上。左脚脚前掌支撑,脚跟离地,右脚稍外展。臀部坐于左脚跟上,成卧步,两臂置于体侧,拳心相对。左臂经体前向右、向上、向左画弧,向身后紧手收带,右臂向后、向上抄,贴耳际向前、向下画弧摆动至双腿间。双脚以脚前掌为轴,向左转体90°。两脚前掌扒地,双膝蹬直,扎头,顶臀,向左变脸。左侧方法相同,方向相反。(图22)

2. 动作要点

卧步时膝关节不得触地,扒地、扎头、顶臀、变脸要连贯,双膝蹬直迅速。

图22 跳蹦子

（二）搓窝

1. 动作方法

两脚开立，略宽于肩，两手握拳置于体侧，两腿微屈，目视前方。左腿弯曲，支撑重心，右腿向前上步，屈膝，右脚脚尖点地内扣，脚跟离地，两臂略弯曲。右脚勾脚尖向上挖起，右腿快速向上抬腿，双手向前伸出，支撑腿微屈膝，坐胯。左侧方法相同，方向相反。（图23）

2. 动作要点

摆动腿向上勾踢干脆利索，脚部向上发力与双手前伸要同步。

图23 搓窝

（三）里刀勾

1. 动作方法

两脚开立，略宽于肩，两手握拳置于体侧，目视前方。左手抱于腰间，右手向前伸出，同时左脚向前上步，成左弓步。左手向前伸出，右手拉回抱于腰间，同时右腿屈膝勾脚尖，用脚跟由后向前、向里画弧勾挂。左手收回抱于腰间，右手向前捅出，脚跟向斜右后方蹬出，成左弓步。左侧方法相同，方向相反。（图24）

2. 动作要点

手脚配合协调，腰腹配合发力。

图24　里刀勾

（四）勾子

1. 动作方法

右架站立。以左脚为轴，身体向后转180°，左臂弯曲带至左胸前，右臂弯曲带至身体右侧，同时右腿屈膝盘腿于左膝处。上体主动弯腰下俯，胸贴大腿，左手向下、向后拉带，右手向前、向下拉带，左腿绷直，右腿大腿带动小腿主动向后、向上勾撩。同时，扎头，向左变脸，身体向左裹转。左侧方法相同，方向相反。（图25）

2. 动作要点

双手拉带、俯腰与腿的勾撩要协调用力，勾撩要迅猛。

图25　勾子

（五）揣

1. 动作方法

两脚开立，略宽于肩，两手握拳垂于体侧，两腿微屈，目视前方。右脚向前上步，脚尖微内扣，左手收于左肋际，右臂向前伸出。左脚背步，双腿屈膝下蹲，左腿膝关节从右腿小腿外侧穿出，左腿在下，右腿在上。左脚前掌支撑，脚跟离地，右脚稍外展。臀部坐于左脚跟上，成卧步。左手屈臂置于右肩上，右手变掌，直臂扶于体侧。身体以两脚前掌为轴向左转体90°。两脚前掌扒地，双膝绷直，扎腰，顶臀，紧左手，右臂挥臂撩手。左侧方法相同，方向相反。（图26）

2. 动作要点

动作连贯，转体、藏肩、扒地、扎腰、绷腿、顶臀一气呵成。

图26　揣

（六）手别

1. 动作方法

两脚开立，略宽于肩，两手握拳垂于体侧，两腿微屈，目视前方。左脚向左上半步，重心略降，右脚脚后跟离地，用脚前掌支撑，身体向左转45°，左臂弯曲，左拳置于右肩上，右臂弯曲，右拳变掌，掌心向上。右脚蹬地，长腰，向左变脸，上体微向左拧。紧左手，拉带至左肋际，右手向后撩。左侧方法相同，方向相反。（图27）

2. 动作要点

紧底手，长腰，变脸。

图27　手别

（七）脑切子

1. 动作方法

两脚开立，略宽于肩，两手握拳置于体侧，两腿微屈，目视前方。双臂弯曲向右做耘手，左脚向前上步。双臂继续耘手，左脚支撑，右脚由内向外画小弧吸胯绷脚面，然后向后蹬别。左脚顺势向右上方跨步，同时左臂抱拳紧收于腰间，右臂内旋向左下方切。左侧方法相同，方向相反。（图28）

2. 动作要点

上步与耘手配合协调紧密，别与切要形成合力，紧底手。

图28　脑切子

（八）大得合

1. 动作方法

站右架。双手向右耘手，左脚背步，右脚绷脚面，右小腿用力折回勾挂。左手向前捅出，右手紧收至腰间，同时右脚向前落步。左侧方法相同，方向相反。（图29）

2. 动作要点

耘手和背步紧密结合，小腿回勾要快，大小腿折紧；勾挂与前捅要形成合力。

图29　大得合

（九）小得合

1. 动作方法

站右架。双手回拉，左脚背步。右脚向右180°画弧屈膝回挂跪地，右手变掌扶于右踝关节外侧。上体前扑，左手向前捅按，左腿顺势蹬直，右腿大小腿折紧。同时，向右变脸。左侧方法相同，方向相反。（图30）

2. 动作要点

双手回拉与背步紧密配合，小腿挂跪速度要快，回挂的力与前扑的力要形成合力。

图30 小得合

（十）弹拧子

1. 动作方法

两脚开立，略宽于肩，两手垂于体侧，目视前方。左手握拳从下向上带至胸前，拳心向下，右手成掌屈肘上摆至右肩侧，左脚向后背步。左前臂外旋向上画弧至左肩侧，右臂屈肘向左带至右肩前，右脚绷脚面抬起，重心移至左腿。紧左手向下拉至左肋际，右手以肘关节为轴向左、向下、向外拨按，右脚以外脚背向右侧弹出。左侧方法相同，方向相反。（图31）

2. 动作要点

紧底（左）手，拧、弹动作要协调。

图31 弹拧子

（十一）上步踢

1. 动作方法

两脚开立，略宽于肩，两手握拳置于体侧，目视前方。左脚向左前方上步，左手握拳抱于腰间，拳心向上，右手握拳向前平伸。左手向右上方架捧，右手向右下方拉拽，同时右腿伸出做挡踢，坐胯，上体以左腿支撑向右拧转。左侧方法相同，方向相反。（图32）

2. 动作要点

上步不宜过大；手臂的架捧、拉拽与身体的拧转以及腿部的挡踢要协调配合，形成合力。

图32　上步踢

（十二）别子

1. 动作方法

站右架。左脚背步，左腿微屈，右腿微屈向外、向上画弧别挑。紧左手，向下、向后拉拽，右手由后向上、向左下拉拽，左腿蹬地伸直。上体向左拧裹，向左变脸。左侧方法相同，方向相反。（图33）

2. 动作要点

摆动腿主动别挑，紧手、拉拽与拧腰、变脸协调一致。

63

图33　别子

（十三）扠闪

1. 动作方法

两脚开立，略宽于肩，两手握拳置于体侧，双腿微屈，目视前方。左手握拳收于左肋间，右手握拳向前捅出，左脚向前上步。左手变掌向上扠捧，紧右手收至腰间，右脚向右前方上步。左手向左下拉拽，右手由下向上画弧架抬，身体以右脚为轴向左后裹拧，左脚向右回收，双腿微屈，小腿交叉，向左变脸。异侧方法相同，方向相反。（图34）

2. 动作要点

右手向上扠出幅度不宜过大，左右手的拉带与架抬以及身体的裹拧要密切，形成合力，浑然一体。

图34　扠闪

三、器械基本功

器械基本功指利用不同的器械进行专项训练，以增加功力和专项身体素质，为提高中国式摔跤运动技术水平打下坚实基础。

（一）马步推子

1. 动作方法

两脚开立成马步，双手握推子平端于肋下，含胸收腹，目视前方。右手向斜前方内旋推出，左手向后夺肩。右手拉回至肋下，左手内旋向斜前方推出。（图35）

2. 动作要点

外推前臂内旋，收回前臂外旋，用力顺达。

图35　马步推子

（二）四步推子

1. 动作方法

双手握推子平端于肋下，两脚开立成马步，含胸收腹，目视前方。右手内旋向前平推，同时右脚上步。左手内旋向前平推，同时右手外旋回收至腰间，左脚背步，双腿屈膝下蹲成卧步。身体左转180°，左手外旋回收至腰间，右手内旋向前推出，同时右腿向外蹬出成左弓步崴桩。（图36）

2. 动作要点

用力顺达，手脚配合协调。

图36　四步推子

（三）马步抖皮条

1. 动作方法

两脚开立，略宽于肩，成马步，双手持皮条。左手快速向前抖送，右手向后拉拽至腰际，皮条发出清脆的声音。随后，右手快速向前抖送，左手向后拉拽于腰际，皮条发出清脆的声音。（图37）

2. 动作要点

抖送与拉拽速度要敏捷，动作干净利索。

图37　马步抖皮条

（四）皮条跳蹦子

1. 动作方法

双手持握皮条成马步站立。右手用力快速向前抖送，左手回拉，同时右脚上步，皮条发出清脆的声音。左手用力快速向前抖送，右手回拉，同时左脚背步，双腿屈膝下蹲成卧步，皮条发出清脆的声音。身体以两脚前掌为轴左转180°，左右手之间保持适度的张力，左手下拉至腰后方，右手由后向上再向下画弧至左膝外侧，双脚蹬地，向后微滑步，同时两腿伸直，顶臀，扎腰，变脸。左侧动作相同，方向相反。（图38）

2. 动作要点

抖皮条动作迅捷，扎腰、变脸。

图38　皮条跳蹦子

（五）铁链子大崴桩

1. 动作方法

两脚开立，双手相合，将铁链子绕一圈。右腿蹬出，做大崴桩，右手向前抖送，左手拉拽于腰间。右侧动作相同，方向相反。（图39）

2. 动作要点

待铁链子交缠一圈后再抖开，蹬地转胯干净利索。

图39　铁链子大崴桩

（六）小棒子拧

1. 动作方法

双手掌心向上正握小棒子，置于腹前，两脚开立成马步。左手内旋向右侧翻拧，右手内旋向左侧翻拧，双手同时用力，向前推出。双手反向回拧小棒子，收回腹前。左手内旋向右侧翻拧，右手内旋向左侧翻拧，双手同时用力，向下推出。反复拧卷。（图40）

2. 动作要点

双手握棒松紧适度。

图40　小棒子拧

（七）小棒子金刚腰

1. 动作方法

双手掌心向上正握小棒子，置于腹前，两脚并步站立。双手内旋向左、向上再向右画弧翻转推拧小棒子，至下颌高度，左手持棒从右前臂下穿出，左臂在下，右臂在上。上体下俯，双手继续向下推拧至脚背上方。右侧动作相同，方向相反。（图41）

2. 动作要点

双手握棒不宜过紧。

图41　小棒子金刚腰

（八）大棒子肩上横

1. 动作方法

双手掌心向下持棒垂于体前，两脚平行开立，略比肩宽。左手向后、向上画圆，由左肩外侧向下盖棒至胸前高度，右手内旋画小半圈持棒收于小腹前；同时左脚上步成左架，使棒与身体约成45°夹角。左手快速发力回拉至左肩上，右手向前推支，坐胯，腰部微左转突然发力，身体略后仰，重心回移至右脚，左脚略回收。随之放松，左手从上向下盖棒至胸前，右手向下回收至腹前，重心回移至两脚之间。练习过程中，双手握棒松紧要适度，便于拧转。右架动作相同，方向相反。（图42）

2. 动作要点

底手向前抖出，上手回拉时要用上体回撤的劲来带动。

图42　大棒子肩上横

（九）大棒子侧横

1. 动作方法

双手掌心向下持棒垂于体前，两脚平行开立，略比肩宽。双手将棒向上抬起至胸前，使棒与身体约成45°夹角，左臂微屈，左手持棒向前伸出，右臂微屈，右手持棒收于胸前，左手略高于右手，双腿微屈，重心下降。左手向左侧突然发横力，身体略左转，腰腹配合发力，待大棒子运行至身体左侧时突然制动，右手持棒于左胸前，左脚略外展，脚前掌着地略向回收，重心移至右腿，成左虚步。练习过程中，双手握棒松紧要适度，便于拧转。右侧动作相同，方向相反。（图43）

2. 动作要点

双手握棒不宜过紧；双手持棒在胸前从右至左的运动过程要画弧，不宜直线拉带。

图43　大棒子侧横

（十）硕绳扦腿

1. 动作方法

将硕绳一端固定，左手掌心向内握住硕绳另一端，收于左肋际，右手掌心向下握住硕绳，右脚在前，成马步，目视前方。左脚背步，左手于左腰间拉带硕绳，右手向上翻腕，屈臂由后向上，经右肩关节上方向下砸压至腹前。同时，右脚向右侧绷直快速蹬出，成左弓步，身体拧腰左转。左侧动作相同，方向相反。（图44）

2. 动作要点

双手要有裹劲，长腰。

图44　硕绳扦腿

（十一）硕绳穿腿

1. 动作方法

将硕绳一端固定。左手虎口向前握住硕绳末端，右手虎口向后握住硕绳，成马步站立。左手上提，右手迅速下按硕绳，双腿快速下蹲。左手外旋上翻，右手前穿上翻，将硕绳托举至头顶上方，双腿直立，目视右手。左手外旋向下拉按，右手下翻向下按压，双腿全蹲，将硕绳摔向地面。左侧动作相同，方向相反。（图45）

2. 动作要点

动作用力协调，迅速敏捷；向上托举和向下拉按硕绳的过程中要注意翻腕。

图45　硕绳穿腿

（十二）腰带小得合

1. 动作方法

站右架，左手持握腰带一端，右手持握腰带中段，保持腰带前部下垂，可接触地面。左脚背步，右脚向右180°划弧屈膝收小腿勾挂腰带跪地。左腿顺势蹬直，同时左手向前扑按送出，右手划弧屈肘扶于右脚踝关节外侧，向右变脸。（图46）

2. 动作要点

右小腿向回勾挂时要划弧，大小腿收紧。

图46 腰带小得合

（十三）腰带别子

1. 动作方法

站右架，左手持握腰带一端，右手持握腰带中段，保持腰带前部下垂，可接触地面。左脚背步，左腿微屈，右腿微屈向外、向上画弧别挑腰带。紧左手，向下、向后拉拽，右手由后向上、向左下拉按腰带，左腿蹬地伸直。上体向左拧裹，向左变脸。右腿自然向下回落，成左弓步站立。（图47）

2. 动作要点

上体要有裹劲，紧底手，变脸。

图47　腰带别子

第四章 中国式摔跤的服装与器械及传统练功方法

思考题：

（1）中国式摔跤的服装由哪几部分构成？各有什么特点？

（2）简述中国式摔跤徒手基本功中抽腿、盘腿、跪腿的动作要领。

（3）简述中国式摔跤专项基本功中跳蹦子、大得合、小得合的动作要领。

（4）中国式摔跤器械基本功中主要有哪几种器械？相应的使用方法是什么？

本章编撰：胡宇

图片与视频动作演示：马可

第五章　中国式摔跤基本技术

中国式摔跤基本技术十分丰富，它是历代摔跤家在实践总结的基础上逐渐形成的技术体系。中国式摔跤各项技法都有一定的规律，它是跤架、把位、步法与使绊的有机统一。本章主要对中国式摔跤的跤架、步型、步法、把位、手法和基本跤绊技术进行阐述。

第一节　跤架

中国式摔跤技术严谨，要求有一定的站立的基本姿势，一般称为"跤架"。标准的跤架分为高架、矮架、顺架、顶架和平行架。跤架的高低大小要有利于本人的顺利移动，以便展开进攻和防守。

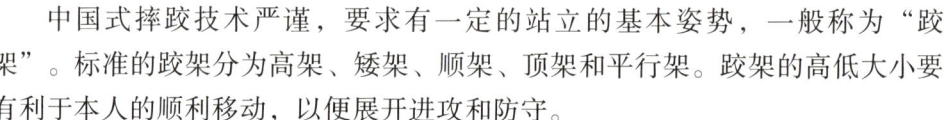

一、一般跤架

右脚在前，左脚在后，两脚前后相距约一脚长，左右相距稍比肩宽，两腿微屈，重心在两腿之间略偏后，左手在前成半握拳状，右手在右胸前也成半握拳状，两肘下垂，两手约与下颌平，目视前方。左脚在前为左跤架，右脚在前为右跤架。

二、高架

高架就是指在一般姿势的基础上，两腿微屈的跤架姿势，一般高个子跤手喜欢使用此姿势。（图48）

图48　高架（右）

第五章　中国式摔跤基本技术

三、矮架

矮架指的是在一般姿势的基础上，两腿屈膝，身体往下压低的跤架姿势，一般进攻时经常会使用矮架姿势。（图49）

图49　矮架（右）

图50　顺架

四、顺架

顺架指跤手双方左对左或右对右的跤架姿势。（图50）

五、顶架

顶架指跤手双方左对右或右对左的跤架姿势。（图51）

图51　顶架

第二节　基本步型与步法

步型与步法是中国式摔跤产生移动以及维持和调整身体重心的关键，也是攻守动作的前提。中国跤有"走对了步赢跤""手是两扇门，全凭腿赢人"的说法，在摔跤过程中，如果"脚步乱"，则必"章法乱"，也就容易露出破绽，被对方摔倒。摔跤常用的步法有盖步、背步、进步、退步、侧滑步、撤步、交叉步、卧步、马步、弓步等。摔跤过程中步法的应用要讲究"步动重心移"，切忌走"并步（两脚并立）和"一线步"（两脚在一条线上），否则便容易失去重心。

一、盖步

左跷架站立，右脚经左腿前向后盖压右腿，身体以左脚为轴向左转180°，右脚落在左腿左侧的位置上，称为盖步。（图52）

图52　盖步

二、背步

右跷架站立，左脚向右脚后撤一步，称为背步。（图53）

图53　背步

三、进步

左跽架站立,左脚向前进一步,右脚跟随向前进一步,称为进步。(图54)

图54 进步

四、退步

左跽架站立,右脚向后退一步,左脚跟随向后退一步,称为退步。(图55)

图55 退步

五、侧滑步

平行架站立,右脚向右侧上步,同时左脚跟着向右侧上步,称为侧滑步。(图56)

图56 侧滑步

六、撤步

左架站立,右脚向后撤一步,称为撤步。(图57)

图57 撤步

七、交叉步

平行架站立,右脚向左前方进一步,两腿成交叉状,然后左脚向左前方跟进一步,称为交叉步。(图58)

图58 交叉步

八、卧步

两脚开立,略宽于肩,双腿微屈,两手握拳置于体侧;右脚向左斜上方上步,脚尖略扣,身体微左转,左脚背步,双腿屈膝下蹲,左腿膝关节从右腿小腿外侧穿出,左腿在下,右腿在上;左脚前掌支撑,脚跟离地,右脚稍外展,称为卧步。(图59)

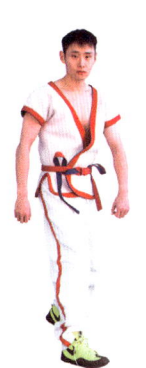

图59 卧步

九、马步

两脚开立，略宽于肩，膝关节弯曲，脚尖向前，称为马步。（图60）

图60　马步

图61　弓步

十、弓步

左脚向左迈一步，膝关节弯曲，脚尖斜向左前方约45°，右腿伸直，脚尖略向左前方，称为弓步。（图61）

第三节　基本把位与手法

中国式摔跤谚语说："宁输跤，不输把。"可见，把位在摔跤过程中的重要性。这里的"把"既指"把位"也指"抢把"。中国式摔跤的把位很讲究，每个跤绊都有相应的抓抢部位，如直门、偏门、小袖、大领、前后中心带、小衩、软门、后契等。抢把是在中国式摔跤中用抢抓对方把位。在摔跤中，手是门户，起着进攻前的准备和防守的作用，如抓、握、推、撕、抹、撑……无不用手，可谓"跤撩一把手"，还有"手是两扇门""行家一出手，便知有没有"之说。出手抢把贵在快、准、固，抢住自己得力的把位，便可控制对方并取得进攻与防守的主动权，也就意味着赢了一半。练把不但要练抢把，同时也要练拆把，即解脱，否则便陷于被动。练好一把手并非容易事，需常年苦练，勤练不辍。

第五章　中国式摔跤基本技术

一、基本把位与抓法

（一）直门

右手虎口向上，向前伸出，所抓握的对方左侧门襟上部，称为直门。（图62）

（二）偏门

右手虎口向上，向左前伸出，所抓握的对方右侧门襟上部，称为偏门。（图63）

（三）反挂门

右手虎口向下，向前伸出，所抓握的对方左侧门襟上部，称为反挂门。（图64）

（四）小袖

左手掌心斜向上，向前伸出，插入对方右侧小袖所抓握的位置，称为小袖。（图65）

图62　直门

图63　偏门

图64　反挂门

图65　小袖

（五）前中心带

右手掌心向下，向前伸出，所抓握的对方腰带前部中心位置，称为前中心带。（图66）

（六）后中心带

右手绕过对方左侧躯干，虎口向下，所抓握的对方腰带后部中心位置，称为后中心带。（图67）

（七）小衩

左（右）手虎口向上，向前下伸出，所抓握的对方跤服底襟右（左）侧开衩处的前部，称为小衩。（图68）

（八）大领

右手掌心向下，贴着对方颈部左侧向后抓握对方跤服后部的衣领位置，称为大领。（图69）

图66　前中心带

图67　后中心带

图68　小衩

图69　大领

（九）倒耙领

右手掌心向上，穿过对方左腋窝底部向上抓握对方跤服后部的衣领位置，称为倒耙领。（图70）

（十）后契

左（右）手虎口向上，向前下贴着对方右（左）侧躯干伸出，所抓握的对方跤服后部底襟的位置，称为后契。（图71）

图70　倒耙领

图71　后契

二、基本手法

（一）打手

蓝方用左手抢红方小袖，红方用右手抢蓝方小袖。蓝方先得抢得里把，红方稍慢抢得上把。此时，蓝方可以用右手拨打红方右手，同时沉肩坠肘给解脱红方把位让出空间。（图72）

图72　打手

（二）倒臂

蓝方左手尝试抢抓红方小袖，红方略右转抬起右臂格挡，并向外翻腕抓握蓝方左手腕。红方同时伸出左手抓握并顺势向左下带动蓝方上臂，同时解脱右手。（图73）

图73　倒臂

（三）扽手

红方左手抢抓蓝方小袖。蓝方左手抓握红方肘关节，右手抓握红方手腕。蓝方两手合力向前下方扽出，同时身体用力后撤。（图74）

（四）剁手

红方右手抓握蓝方前中心带。蓝方左手抓握红方肘关节，右手抓握红方手腕。蓝方双手合力向前下方剁出，同时弯腰后撤。（图75）

第五章 中国式摔跤基本技术

图74 拢手

图75 剁手

（五）捯手

红方右手抓握蓝方偏门，蓝方左手抓握红方小袖。此时，蓝方左手向前捅出，同时上体右转后捯，挣脱对方把位。（图76）

图76 捯手

（六）圈臂

红方抢抓蓝方双小袖，蓝方左手抓红方小袖，右手㧟入红方左腋下搂抱红方背部，蓝方紧双手。红方主动解脱左手，同时从蓝方右上臂外侧圈入，抢抓蓝方偏门。（图77）

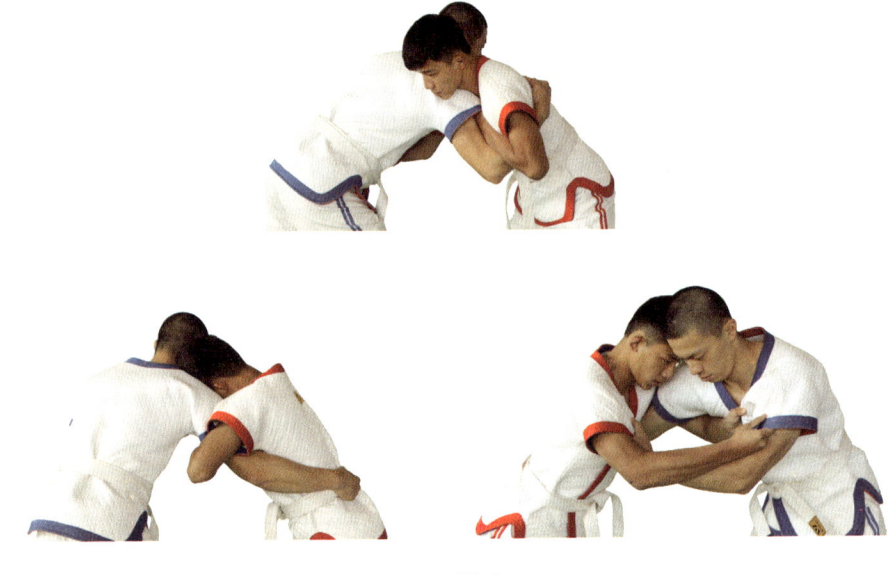

图77　圈臂

（七）搂脖

蓝方用右手贴着红方颈部左侧向后搂握红方后颈部，上臂与前臂收紧。（图78）

图78　搂脖

（八）夹颈

蓝方左手抢抓红方右小袖，拉带并紧底手，右臂经红方左肩夹紧红方颈部。（图79）

（九）反夹颈

蓝方左手抓握红方右小袖，向下拉带并紧底手，右臂经红方后颈部向下夹紧红方颈部。（图80）

图79　夹颈　　　　　　　　　　图80　反夹颈

第四节　基本技术动作

总的来说，中国式摔跤的技术动作主要由手部动作、手臂动作、肘部动作、头部动作、肩部动作、腰部动作、臀部动作、腿部动作、脚部动作等组成。手部动作有撕、捅、撑、掖、拿、拉等；手臂动作有扠、掀、挣、挺、圈、支、夹、抱、抖、卷等；肘部动作有拐、掖、管、按、支等；头部动作有靠、仰、低、甩、抗、顶、翻等；肩部动作有抗、拱、背、扛等；腰部动作有长、拱、涮、弯、填、坐、换、直、撤、跟等；臀部动作有弹、撞、坐、排、翻等；腿部动作有扛、挑、别、缠、顶、扠、搂、勾、拦、撑、蹲、扬、切、管、刀、跪、崩等；脚部动作有踢、弹、撑、冲、管、勾、搂、刮、钻、挂、别、切、抓、蹬、退、撤、转等。

由于中国式摔跤动作较多，本节将选取较为基本的动作进行讲解。

一、踢法

（一）大拿踢

1. 动作说明

甲方（蓝方，下同）、乙方（红方，下同）右架（顺架）站立。甲抓握乙的大领和小袖；乙抓握甲双小袖。甲先用劲按乙，待乙较劲时，立即上左步冲开乙脚，然后用力挣拧，用右脚踢挡乙的左小腿侧方，翻把扭身一亮，将乙摔倒。（图81）

2. 动作要领

按、冲、挣、踢、亮。

图81　大拿踢

（二）架梁踢

1. 动作说明

甲右架、乙左架（顶架）站立。甲左手抓握乙小袖，右手防守拧按乙左臂；乙右手抓握甲小袖。这时乙的意识会被吸引到左臂防守上，甲立即上右手插入乙右腋下用力抬架乙右臂，同时左脚向乙的右脚外侧上步，用右脚踢挡乙的左脚踝侧面，将乙摔倒。（图82）

2. 动作要领

插、抬、踢、让。

图82　架梁踢

（三）补踢

1. 动作说明

甲左架、乙右架（顶架）站立。甲左手抓握乙小袖，右手抓握乙偏门；乙双手抓握甲双小袖。乙双手向左下发力拉带甲，同时出左脚下搓甲右脚。甲跪腿闪过乙的搓，并迅速在乙撤腿逃避时立即上步用右脚内侧用力踢乙左脚踝外侧，双手用力向右拧转，将乙摔倒。（图83）

2. 动作要领

拉、搓、踢、拧。

第五章　中国式摔跤基本技术

图83　补踢

（四）冲踢

1. 动作说明

甲左架、乙右架（顺架）站立。甲抓握乙的小袖和前中心带；乙两手抓住甲的双小袖。甲发力猛拉，同时向乙右腿内侧上步，借乙犟劲之时，顺力挣提，同时用右脚内侧拦踢乙左脚踝外侧，将乙摔倒。（图84）

2. 动作要领

冲、撑、踢、亮。

图84　冲踢

（五）端带踢

1. 动作说明

甲右架、乙左架（顶架）站立。甲、乙双方双手端对方腰带。甲先用力推乙方，待乙方重心前移时，甲突然用力向上捧乙，同时将乙拉向自己。甲左脚上步，右脚发力拦踢乙左小腿，向右拧腰转体，同时双手向右拧转乙方躯干，使乙腾空，右脚向右撤步，双手下拉，将乙摔倒。（图85）

2. 动作要领

拧腰、转体、上捧、撤步、下拉。

第五章　中国式摔跤基本技术

图85　端带踢

二、别法

（一）背步支别

1. 动作说明

甲右架、乙平行架站立。甲左手抓握乙小袖，右手抓握乙偏门；乙左手抓握甲小袖，右手抓握甲偏门。甲发力猛捅乙，乙必欺身，此时，甲借力立即用力拉拽乙，同时左脚向右脚后背步，身体左转约90°，填腰；上动不停，甲身体继续左转至背向乙，右腿略屈膝向乙腿外侧伸出，右脚落地后，右腿膝关节处快速绷打乙右膝，双手向体前拉拽，长腰变脸，将乙摔倒。（图86）

2. 动作要领

捅、背、拉、支、绷、别。

图86　背步支别

（二）反夹颈别

1. 动作说明

甲右架、乙左架（顶架）站立。甲左手抓握乙小袖；乙抓握甲后中心带，右手搂抱甲腰部。甲趁乙重心下降时，右脚立即向右略转，填腰送胯，向左转体约90°，右臂立即圈臂反夹紧乙颈部，同时左脚向右后方背步。甲上手反夹颈发力前拉，拉紧底手，身体下俯裹甩，长腰、变脸，同时用右腿别撩乙右腿膝关节上部，将乙摔倒。（图87）

2. 动作要领

夹、拉、填、裹、甩。

图87　反夹颈别

（三）大别子

1. 动作说明

甲右架、乙右架站立。甲左手抓握乙方小袖，右手抓握乙方大领；乙双手抓握甲双小袖。甲猛捅乙，乙必欺身，此时，甲借力立即回拉背步、填腰；上动不停，甲身体继续左转，上手夹紧向下按压，紧底手，形成裹劲，右腿向后别挑乙方右腿膝关节外侧，同时长腰、变脸，将乙摔倒。（图88）

2. 动作要领

捅、背、别、裹、变。

图88　大别子

（四）上步支别

1. 动作说明

甲右架、乙左架（顶架）站立。甲左手抓握乙小袖，右手抓握乙偏门；乙左手抓握甲小袖，右手抓握甲偏门。甲向左挪步，落在乙两脚之间，同时猛捅乙，乙必欺身，此时，甲借力立即回拉，直接向乙右腿外侧上右步、填腰；上动不停，甲身体继续向左转裹，左手向下拉紧，右臂支住乙，同时长腰、变脸，将乙摔倒。（图89）

2. 动作要领

捅、拉、紧、裹、别。

图89　上步支别

（五）借手支别

1. 动作说明

甲左架、乙右架（顶架）站立。乙方右手试图抓握甲小袖，此时甲方立即用右手前臂从内侧进行格挡并抓拿乙方手臂，同时右脚向乙方右脚前方上步，右手臂快速从乙方右腋下抄出，上臂与前臂折叠夹紧。甲左脚背步、填腰，右腿贴着乙方右腿向外伸出别腿，双手发力、长腰、变脸，将乙摔倒。（图90）

2. 动作要领

拿、抄、夹、别、裹。

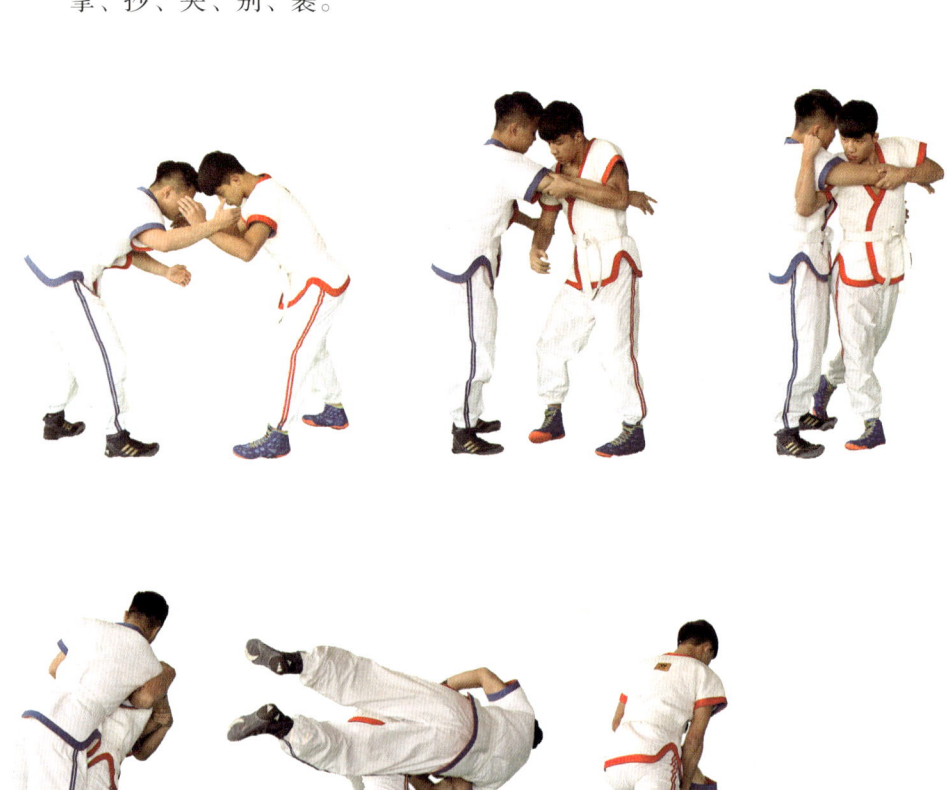

图90　借手支别

三、崴

（一）直门崴

1. 动作说明

甲右架、乙左架（顶架）站立。乙抓甲双小袖；甲左手快速抓住乙方小袖，右手抓其直门，并把乙向自己的胸前拉带；同时，甲跳步将右腿插入乙方两腿之间，蹬地发力，拧腰转体、长腰、变脸，左手向下拉，右臂叠捧，将乙摔倒。（图91）

2. 动作要领

拉、跳、长、捧。

图91　直门崴

（二）后中心带崴

1. 动作说明

甲右架、乙左架（顶架）站立。甲左手抓住乙的小袖和后中心带；乙右手抓甲小袖，左手圈甲右上臂。甲背步迅速将右腿插入乙的两腿之间，蹬地发力、拧腰、转体、长腰、变脸，同时左手向下拉拽，右手提拉、掀送，将乙摔倒。（图92）

2. 动作要领

插、拉、提、长、变。

图92　后中心带崴

四、勾

大拿勾

1. 动作说明

甲右架、乙左架（顶架）站立。甲抓乙大领和小袖；乙抓甲小袖与直门。甲猛拉拽乙，破坏乙的重心，此时甲左脚立即背步、转体，上手与底手用力按乙，同时右腿插入乙裆中，绷直向上猛力勾撩，紧接着扎头、紧手、躬身、长腰、变脸，将乙摔倒，使其背部着地。（图93）

2. 动作要领

拽、按、紧、勾、长、变。

图93 大拿勾

五、揣

手别揣

1. 动作说明

甲右架、乙左架（顶架）站立。甲左手抓乙小袖，右手抓乙偏门；乙抓甲双小袖。甲先用力猛捅乙，右手往后撑开乙左手，此时，甲右脚立即上步，向左转体，右脚背步，填腰。甲右手插进乙右腋下并使肩由乙腋下钻过，左手用力紧手拉带乙，右手在下管住乙右膝，使乙紧贴自己肩背。甲立即扎头躬身，绷腿顶臀，变脸，左手紧手下带，右手迅速上撩乙方右腿，将乙摔倒，使其臀部和背部着地。（图94）

2. 动作要领

捅、插、钻、管、紧、拉、绷、顶。

图94　手别揣

六、撮

大拿撮

1. 动作说明

甲右架、乙左架（顶架）站立。甲左手抓乙小袖，右手抓乙大领；乙左手抓甲中心带，右手拿甲手腕。甲先用力向前拉拽乙，在乙没有使用动作之际，突然向斜前方滑步，右脚牢牢撮住乙左脚踝外侧，左脚跟步，右脚迅速向左上方挑乙方左脚踝，双手用力下拉，将乙摔倒，使其背部着地。（图95）

2. 动作要领

拉、滑、撮、挑。

图95　大拿撮

七、切

大拿切

1. 动作说明

甲、乙右架（顺架）站立。甲左手抓乙小袖，右手抓乙大领；乙抓甲双小袖。甲左手先向左用力拉带乙，待乙反向用力时，甲双手顺势向右圈带乙至自己右胸侧，同时甲左脚上步至乙右脚外侧。甲身体前压，右手松开大领，向下切压乙方头颈部。随之，甲右腿迅速划半圆切入乙的右腿后，周身合力将乙摔倒。（图96）

2. 动作要领

切、压。

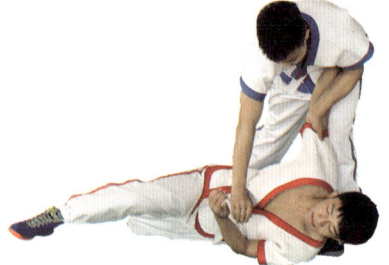

图96 大拿切

八、里刀

（一）偏门小袖里刀

1. 动作说明

甲、乙右架（顺架）站立。甲左手抓乙小袖，右手抓乙偏门；乙双手抓甲的小袖。甲先用力推乙，待乙被搡欲向后移时，甲左脚立即向乙右脚前外侧上步，右脚插入乙裆中，用脚跟迅速勾挂乙右小腿，双手合力推乙上身，身体前压，上推下勾，相反用力，将乙摔倒。（图97）

2. 动作要领

推、插、压、勾。

图97　偏门小袖里刀

（二）大拿里刀

1. 动作说明

甲、乙右架（顺架）站立。甲左手抓乙小袖，右手抓乙大领；乙左手抓甲小袖，右手扶甲左臂。甲先用力往后推搡乙，引出乙的抵抗力量，再借劲猛力回拉，左脚向乙右脚前外侧上步。在乙产生错觉时，甲右脚迅速上向前插入乙裆中，并用脚跟勾住乙的右小腿，用力后挂，双手用力向前捅按乙，身体前压，头紧贴管住乙的头，将乙摔倒。（图98）

2. 动作要领

推、拉、勾、挂、按。

图98　大拿里刀

九、擓

小袖擓

1. 动作说明

甲、乙右架（顺架）站立。甲左手抓乙小袖，右手抓乙直门，乙抓甲双小袖。甲右手主动松开并向后撕把，破开乙的左手把位。然后，甲向前滑步下潜，右手佯装掏乙右腿，乙必撤步防守，此时甲右手迅速向右上擓乙左脚踝内侧，同时紧上手向下拉带，上下合力，将乙摔倒。（图99）

2. 动作要领

撕、擓、拉。

图99 小袖擓

十、得合

（一）大得合

1. 动作说明

甲右架、乙左架（顶架）站立。甲左手抓乙右小袖，右手抓乙大领；乙抓甲双小袖。甲双手用力回拉，同时左脚背步。当乙向后用力试图摆脱控制时，甲随即将右腿插入乙裆中，大小腿折叠弯曲向后勾挂乙左腿腘窝上部。此时，甲双手后捅，或向右下横拉的同时转体挤压乙身体，将乙摔倒。（图100）

2. 动作要领

拉、插、勾、推。

图100　大得合

第五章　中国式摔跤基本技术

（二）挽手小得合

1. 动作说明

甲右架、乙左架（顶架）站立。甲左手抓乙右小袖，右手虎口向上攥乙左手腕；乙抓甲左小袖。甲双手回拉，当乙重心向后调整时，甲左脚迅速垫步跟进，右腿插入乙裆中，大小腿弯曲折叠跪打乙左脚踝。同时，甲右手向内、向下拧按乙左臂，随即松手，按住乙方左脚踝使其不能逃脱。甲左手向后直捅，身体向右略转体前压，用身体猛力撞击乙方胸腹部，左腿伸直，将乙摔倒。（图101）

2. 动作要领

拉、插、打、按、捅。

图101　挽手小得合

十一、披

1. 动作说明

甲、乙右架（顺架）站立。甲左手抓乙右小袖，右手抓乙偏门；乙试图抓甲右小袖和偏门。甲双手回拉破坏乙重心，然后耘手、猛然回捅，待乙一欺身，立即向右拧腰转体成左弓步，右手叠臂、藏肩，横向支顶，同时，俯身扎头，双手下带，绷腿顶臀，勾头变脸，把乙披起摔倒。（图102）

2. 动作要领

耘、捅、披、勾头、变脸。

图102　披

十二、抱单腿扛

1. 动作说明

甲、乙右架（顺架）站立。甲左手抓乙右小袖，右手拿其左手腕；乙右手抓甲左小袖。甲左手先用力向左上方抬拉，同时，右脚上步插入乙裆中，右手从乙裆中穿过并抱住乙右大腿，上拉下抱，直身蹬腿，将乙扛在肩膀上。然后，甲左手松开小袖与右手一起抱住乙右大腿，向左下方拉拽乙，同时弯腰，将乙摔倒成背部着地。（图103）

2. 动作要领

抬、拉、扛。

图103 抱单腿扛

十三、扠闪

1. 动作说明

甲右架、乙左架（顶架）站立。甲左手抓乙右小袖，右手抓乙偏门；乙抓甲双小袖。甲右手松开偏门，迅速从乙左腋下扠抱乙方。同时，甲左脚向右后方撤步，身体向左拧腰、转体，左手紧手下拉，右臂上提，双手合力裹拧，将乙摔倒。（图104）

2. 动作要领

扠、拉、提、裹。

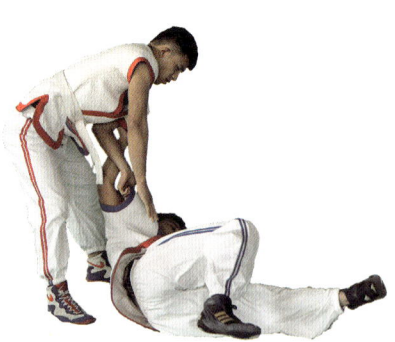

图104　扠闪

十四、外掏腿

1. 动作说明

甲、乙右架（顺架）站立。甲左手抓乙右小袖，右手抓乙偏门；乙抓甲双小袖。甲先用力向后拉乙，乙必向后挺身反抗，此时，甲左脚迅速上步，左手向下掏乙右腿外侧，右手在上用力捅按，左手管住乙右腿，将乙摔倒。（图105）

2. 动作要领

拉、掏、捅。

图105　外掏腿

十五、穿裆靠

1. 动作说明

甲右架、乙左架（顶架）站立。甲左手抓乙右小袖，右手抓乙偏门；乙左手扶甲右臂，右手抓甲左小袖。甲先用力拉提乙，待乙被拉前倾时，甲右脚上步插到乙左脚后方，右手插入乙裆部，顺势抱住乙右腿，左手用力拉拽，右脚前移上步，身体向后挺劲，将乙摔倒。（图106）

2. 动作要领

拉、插、挺。

图106　穿裆靠

十六、耙拿

1. 动作说明

甲、乙右架（顺架）站立。甲左手抓乙右小袖，右手抓乙偏门；乙抓甲双小袖。当乙想用劲向上提拉甲时，甲右脚迅速上步至乙右脚跟后方向回勾踢乙右脚，左手顺势抓住乙的右脚上提，右手用力捅乙胸部，将乙摔倒。（图107）

2. 动作要领

勾、捅、提。

图107 耙拿

十七、手别

进步手别

1. 动作说明

甲左架、乙右架（顶架）站立。甲左手抓乙小袖，右手抓乙偏门；乙左手尚未抓握，右手抓甲小袖。甲先用力拽乙，待乙重心不稳前移时，甲左脚向前上步至乙右脚外侧，右手松开偏门，插到乙右腿腘窝处别住乙右腿，紧左手用力向左下方拉拽，右脚蹬地发力，右肩前顶，变脸，将乙摔倒。（图108）

2. 动作要领

拽、别、拉。

图108　进步手别

十八、挤

抱腰挤

1. 动作说明

甲右架、乙左架（顶架）站立。甲左手抓乙右小袖，右手抓乙左手腕封控；乙右手抓甲左小袖。甲右手内旋向下、向后拧转乙左臂至其身体左侧后方，随即松开右手，抱住乙腰部。同时，甲右脚上步至乙左脚后方，用右腿管住乙左腘窝。甲双手发力上抬，同时右腿屈膝上顶，使乙完全腾空。然后，甲向右微转体，双手向右后方下压，右脚向右后方撤步，将乙摔倒。（图109）

2. 动作要领

管、挤、顶、压。

图109　抱腰挤

十九、揣

背步揣

1. 动作说明

甲、乙右架（顺架）站立。甲左手抓乙右小袖，右手抓乙偏门；乙左手抓甲右小袖，右手尚未抓把。甲左脚迅速背步，转胯，填腰，两脚平行，双腿屈膝半蹲。同时，甲左手提拉，右手松开偏门迅速从乙方右腋下抄出并紧抱其右上臂，将右肩塞入乙方右腋下，俯身扎头，双手下拽，绷腿顶臀，勾头变脸，将乙摔倒。（图110）

2. 动作要领

转胯、填腰、扎头、绷腿、顶臀、变脸。

图110 背步揣

二十、抱单腿别

1. 动作说明

甲右架、乙左架（顺架）站立。甲左手抓乙直门，右手抓乙小袖；乙抓甲双小袖。甲先用力捅推乙，待乙抗力前倾时，甲立即左脚上步至乙右脚前，右脚跟步，迅速下潜。甲左手抱住乙右腿，右手抱住乙腰部，然后蹬腿挺身将乙右腿抱起；同时，右腿插入乙裆中向后用力别乙左腿，双手用力向左后方拉提，将乙摔倒。（图111）

2. 动作要领

捅、下潜、蹬、挺、别。

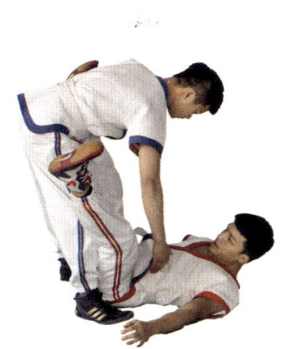

图111　抱单腿别

二十一、抱单腿手别

1. 动作说明

甲、乙左架（顺架）站立。双方均未抓拿。当乙向前抓拿甲时，甲顺势下潜，左脚向前上步至乙左脚内侧，右脚跟步，双手抱住乙左腿。然后，甲右手松开，穿过乙裆部管住乙右腿；同时，左脚背步，身体左转，右肩顶扛乙左腿，左手向左后拉拽，右手用力向后拔乙右腿，将乙摔倒。（图112）

2. 动作要领

下潜、管、扛、拔。

图112　抱单腿手别

二十二、抱双腿扣

1. 动作说明

甲、乙右架（顺架）站立。甲左手抓乙右小袖，右手搂乙脖颈；乙左手扶甲右臂，右手抓甲左小袖。甲向后捅推乙，待乙重心前移时，甲立即松开双手下潜，右脚向前上步至乙右脚内侧，左脚跟步，双手抱住乙双腿，同时双臂收紧内扣回拉，肩部用力下压，双腿用力蹬地，将乙摔倒。（图113）

2. 动作要领

推、下潜、拉、压、蹬。

图113　抱双腿扣

二十三、转体窝勾

1. 动作说明

甲右架、乙左架（顶架）站立。甲左手抓乙右小袖，右手抓甲大领；乙左手抓甲偏门，右手抓甲左小袖。当乙用力拉拽时，甲右手松开大领，搂住乙颈部，左脚上步，右腿插入乙裆中并缠住乙左腿，假装使用夹颈背摔的动作，待乙向后抗力防摔时，甲右手向右后方提拽，右腿勾住乙右腿向前送，将乙摔倒。（图114）

2. 动作要领

缠、提拽、勾送。

图114　转体窝勾

第五章　中国式摔跤基本技术

二十四、压脖掀

1. 动作说明

甲、乙右架（顺架）站立。甲抓握乙方双小袖；乙左手抓甲右小袖，右手抓甲偏门。当乙下潜抱甲右腿时，甲重心随之下降，左手虎口向下抵住乙右小腿并向上掀，右手向下、向后按压乙脖颈，身体略右转，双手同时发力，将乙摔倒。（图115）

2. 动作要领

抵、掀、压、转。

图115　压脖掀

二十五、弹拧子

1. 动作说明

甲右架、乙左架（顶架）站立。甲左手抓乙右小袖，右手抓乙偏门；乙抓甲双小袖。甲捌手挣脱乙左手，左手向右前方捅出，使乙方重心右移，右手封控乙左手。甲左脚背步，右脚弹乙方左脚踝内侧，拧腰、转体，同时，右手猛力砸拍乙左手腕，将乙摔倒。（图116）

2. 动作要领

捅、弹、拧、压。

图116　弹拧子

第五章　中国式摔跤基本技术

思考题：

（1）简述大拿勾子的动作技法。
（2）小得合与大得合技法有何异同？
（3）简述中国式摔跤的跤架。
（4）中国式摔跤主要有哪些把位？
（5）中国式摔跤常用的步法有哪些？

本章编撰：龚茂富、林乐海、郭阔
图片动作演示：马可、张耀庭、蔡越洋、张俣芃
视频动作演示：张玻源、史鹏飞、刘潇扬

第六章　中国式摔跤的教学

教学是在教育目的规范下教师的教和学生的学共同组成的一种教育活动。中国式摔跤的教学以传授中国式摔跤知识和技术为主，通过教学，在教师有计划的引导下，学生积极主动地掌握中国式摔跤系统的知识、技术和技能，同时也是培养品德、美感的立德树人过程。

第一节　中国式摔跤教学的基本特点

中国式摔跤教学既有其他体育项目教学的共性，也有自身教学的特点。在有目的、有计划地向学生传授各种摔跤技术、技能，使学生通过身体的反复练习并与思维活动相结合的过程中，逐渐形成适合本项目的教学特点。

一、德礼为本

中国式摔跤是承载深厚中华传统文化的体育运动，德育先行是学习中国式摔跤的基础。在学习中国式摔跤技术动作之前，应当优先给学生讲述"以跤载道"的理念。敬畏、刚健、勇为、尊师、重道是中国式摔跤主要的文化内核，摔跤技艺是项目外延[①]。中国式摔承载的德礼文化不仅是培养学生专项技艺能力的基础，更是增进学生身心健康、培养高尚道德品质的核心环节。因此，通过竞赛性教学，既可以培养学生适应社会发展的竞争意识，又可以借助比赛规则的学习，培养学生诚实、守纪律的品质。并以此为前提，使学生克服自身生理负荷和器械、环境、自然条件等困难，铸就刻苦耐劳、勇于拼搏的意志，从而增进学生之间的友谊和团结，培养学生积极向上、刚健有为的人生观。

---

①李建辉.中国式摔跤的传承与发展——访《中国摔跤史》作者爱新觉罗·凯和［J］.中国民族，2008（5）：24-27.

二、动作规范

中国式摔跤技术种类丰富，素有"大绊子三十六，小绊子赛牛毛"的说法，实战对抗中更是技法多样、真假结合、连贯多变。中国式摔跤的技战术特点决定了单一技术动作是基础，熟练、规范、扎实的技术动作和完成技术动作的能力是实战的关键。连贯技术是单一技术基础上的提高。在中国式摔跤技术的初期教学中，一定要让学生清晰地了解动作轨迹和认识中国式摔跤手法、步法、身法的重要性。在技术掌握阶段，要注重单一技术的规范性和动力定型，对动作角度和动作发力方向、技巧要更严谨规范，以求举一反三。在此阶段，要对出现的错误动作进行分解讲解和重复纠正练习。将对方摔倒的技术的实用性是中国式摔跤的本质特征，教师在教学过程中必须从实战对抗出发，在保证学生技术动作规范性的同时，更要注重实用性，使学生明确每个技术动作在实战中的应用价值。

三、循序渐进

技术动作的形成要经历由不会到会、由不熟练到熟练的连续变化过程。通俗地讲，即由初练到熟练、由熟练到自动化运用阶段，是一个由简单到复杂的应用过程[1]。学习中国式摔跤要遵循运动技能形成的规律，符合项目特点、规律和动作难度，循序渐进地进行学习。学习时要从最基本的手法、步法和动作技术原理开始，进而对基本技术动作的规矩进行认识，再到单一技术的熟练和连贯技术的使用。针对不同身高体重级别的学生要选择相对适合的技术动作教学，不可千篇一律，因此，在制定教学任务时，既要根据学生的平均水平，也要针对个体差异制订相应的教学计划和目标。另外，要根据课堂学生理解掌握情况，适当地增加或减少训练内容和强度。个别学生可能会出现畏难情绪和心理疲劳，教师要多鼓励学生。

四、点面结合

"不怕千招会，就怕一招绝"。其内涵是学习技术不能只求多，而要求精华、求实用，要根据自身条件形成自己的"绝招"，以便在合理的时机制胜对

---

[1] 黄成.体育运动中非常规技术动作的形成过程研究[D].哈尔滨：哈尔滨师范大学，2017.

手。在教学过程中，不仅要培养学生的基本技术和实施技术原理，更要着重培养其进攻、防守的技战术意识，培养从实战中来、到实战中去的应变能力。这不仅有利于提高学生对时机的把握能力，还有利于培养学生克敌制胜的智力和心理品质等。此外，通过系列简单实用的方法进行练习，模拟竞赛的实战，在使练习者提高兴趣、集中注意力同时，有利于个人特色技术的熟练和提高，更有利于战术意识的具象表现和经验积累[①]。随着教学进度的不断深入，学生在实战中运用技战术的能力不断提高之后，再逐渐丰富其技战术运用方法，以全面掌握中国式摔跤的技术内容。"点面结合，触类旁通"的教学特点，其核心是在教学的初级阶段要抓基本、抓重点、抓规律、抓共性，做到举一反三，一通百通；不要求一开始就面面俱到，切勿因为贪多求快而丧失核心和重点。

五、双人配合

中国式摔跤是同场技能主导类双人对抗性项目，双人配合练习是提高中国式摔跤技战术的有效途径，也是重要的练习形式之一。双人配合练习的形式多样，有攻防技术练习、抢把练习、步法练习、跤感练习、条件实战等。提高在攻防中技战术的运用能力是双人配合的主要目的。在平时的练习中，一定要培养学生养成"为对方服务"的意识，从对方实际水平出发，以对方的最佳适应性为度。

第二节　中国式摔跤教学的阶段和步骤

依据生理学和心理学原理，运动技能的形成可以划分为3个阶段。中国式摔跤的教学遵循运动技能形成的基本规律，以摔跤运动实践为背景，参照现代体育竞赛规则，将教学划分为基础教学阶段、综合技能形成阶段及专项技能提高阶段3个阶段。同时，中国式摔跤运动较为激烈，决定了其教学必须从实战出发，在教学过程中应遵循既定的步骤，以达到最佳的教学效果。

---

①江广和. 论模拟训练形式的转变及其对运动训练实践的影响［J］. 南京体育学院学报：社会科学版，2011，25（1）：113-115，119.

一、教学的阶段划分

（一）基础教学阶段

该阶段的主要任务是使学生对中国式摔跤的动作有初步了解，并取得感性认识，基本掌握相应的技术动作。

基于运动生理学理论，在运动技能形成的泛化阶段，学生的大脑皮质内抑制联系尚未建立，使得其通过肌肉外表活动所展现的技术动作特征表现为动作僵硬、不协调，不该收缩的肌肉收缩，多余动作出现频率较高，并且动作完成很费力[1]。

在此过程中，教师应当抓住摔跤技术动作学习的主要环节和学生要掌握的核心动作存在的主要问题进行针对性教学，尽量避免过多强调动作细节，而应以标准化示范和简练明晰的讲解帮助学生掌握摔跤技术动作；尽可能使学生从多个角度、多方位看清跤手站位、抢把位置、动作着力点等，进而使学生初步掌握摔跤基本动作。

（二）综合技能形成阶段

随着技术学习的逐步深入，学生对运动技能内在规律的了解明显增加，并且在泛化阶段出现的一些不协调和多余动作渐次消失。因此，该阶段的主要任务是使学生巩固正确动作，提高技术动作的协调性和质量，并通过教师的合理引导，使练习者双方在规定条件限制下进行配合练习，逐步提高各自的运动技术能力，如抢把时机、彼此间距、场地空间的判断能力和应变能力等，并以此为基础，有序培养练习者的进攻、防守和反击等实战意识。

在该阶段大脑皮质运动中枢兴奋和抑制过程的逐渐集中，以及分化抑制效应得到较好地发展，练习者在泛化阶段出现的大量错误动作逐步得到纠正，并能够较顺利且连贯地完成相应技术动作，初步建立技术动作动力定型。教师应当抓住学生练习过程中存在的突出问题，进行重复性强化练习[2]，

---

[1] 田聚群，邵伟，王晓飞.运动技能形成的生物学基础与阶段性特征［J］.体育研究与教育，2012（1）：27.
[2] 欣果实.运动技术学习的突变模型［J］.体育科学，1991，10（6）：31-33.

必要时，还可采用对照和综合分析的方法，借助"喂招"和"引招"等手段，帮助学生体会动作细节，从而使学生对正确的技术动作有更为明晰的理性认知。

（三）专项技能提高阶段

通过高强度、高频率的重复练习，练习者的摔跤运动条件反射系统已经巩固，达到建立巩固的动力定型阶段，并且在该阶段，大脑皮质的兴奋和抑制在时间和空间上更加集中与准确。练习者的技术动作不仅准确、熟练，有较好的协调性和连贯性，而且随着运动技能的巩固和发展，可能出现动作自动化阶段呈现的部分现象[①]。这些身体动作的体认感觉，对中国式摔跤专项技能是至关重要的，因为，赛场瞬息万变，且随着动作自动化程度逐步增强，练习者第二信号系统的"无意识"状态展现出主导优势，并逐渐摆脱第一信号系统的束缚，专注于摔跤技战术的变化，进而能够准确有效地抓住战机。

鉴于此，教师在教学过程中可根据学生自身实际情况，设定不同的教学场景，采用针对性教学，使学生尽快参与配对实战练习，并借助"赛练"结合的授课方式，让学生能够有效掌握摔跤技术且提高动作质量。

值得注意的是，在达到动作自动化阶段之后，练习者仍要强化技术动作学习，强化动力定型，否则已经建立的动力定型有可能会消退。在此过程中，教师应当对学生提出更高层次的摔跤技术动作要求，使其动作质量提高，进而促使其技术动作精益求精。

二、教学的基本步骤

（一）礼仪教育

中国式摔跤的礼仪贯穿项目整体，由3部分组成：向国旗行注目礼、向师长行鞠躬礼、向对手行抱拳礼。就课堂教学来说，教师通过教授中国式摔跤，发挥最大的体育教育功能，使学生明白中华传统文化的真正内涵和礼的仪式感价值。"以礼开始，以礼结束"是中国式摔跤的特征，教学课堂要真

---

① 朱伟，朱昌荣. 运动技能形成的规律与体育教学方法的研究［J］. 教育与职业，2009（35）：107-108.

正地将中国式摔跤行为与中华民族核心价值观的内容结合在一起，表达对祖国、对师长、对对手、对自己的敬畏和崇敬[①]。教学和学生一起对国旗行注目礼，涵养更大的精神价值。课开始和结束后学生向老师行鞠躬礼，表达对师长的最高敬意；在练习、实战和比赛中行抱拳礼，表达相互学习、相互提高的优异礼节。

（二）初步体验

在教师的指导下初步掌握手法、步法和基本动作轨迹，对技术动作的关键点、动作角度和发力方向有一个感性认识。此时，学生对技术动作的关键点和发力特点比较模糊，在教学中要让学生重复练习，多运用示范讲解方法帮助学生对技术动作有直观的体会。

（三）强化基础

在较为直观地掌握技术动作后，教师应引导学生认真体会动作要领和发力感受，去除多余动作，帮助学生不断改进动作细节，避免出现错误动作，使手、腰、脚配合更加协调，并通过反复练习，能规范、快速、完整地使用技术动作。

（四）配合运用

在初步建立正确的动力定型后，必须有针对性地进行两人配合练习。配合练习，即根据学生的掌握情况，按身高体重相近原则，从单一技术到连贯技术，循序渐进，提高学生技术动作掌握水平，培养学生对不同技术、战术的理解，培养在实战中快速反应能力和应变能力，为过渡到实战阶段打下良好基础。

（五）模拟实战

实战可检验技术动作完成的质量和教学的效果，学生通过在实战中合理运用技术，把握动作使用的时机，达到自动化阶段。在实战中，教师要引导学生

[①] 张雷.中国式摔跤的传统文化性解读［J］.体育文化导刊，2016（6）：109-113.

学会自我分析和总结提高的能力，找出动作发力的特点，在身体的协调、技术动作的规范、思维的敏捷、技战术的配合中不断提高自己的实战技能。

第三节 中国式摔跤教学的方法和手段

教学方法的运用是否得当，对教学效果的好坏有直接的影响。中国式摔跤教学要根据教学任务、教学内容、教学对象等情况来确定具体的合适的教学方法。中国式摔跤常用的教学方法主要有讲解法与示范法、完整法与分解法、多媒体教学法、预防与纠正错误法等。

一、讲解法与示范法

1. 讲解法

讲解法是指教师对动作的语言概括，使学生把动作的技术要领与其所观察的结果联系起来，从感性认识逐步上升为理性认识，再经过自身的练习，进一步掌握动作，理解要领方法。常用的讲解法运用形式有口诀式讲解、启发式讲解、单字讲解、指示性讲解、手势性讲解5种。

应用讲解法教学应注意以下几点：

（1）讲解简明扼要、重点突出、内容正确。
（2）讲解要符合学生实际情况，具有启发性。
（3）讲解要注意形式和时机。

2. 示范法

示范法是教师以具体的动作为范例，使学生明确所要学习的动作形象、技术结构、技术要领的一种方法，是引导学生积极思维活动的一种形象手段。正确、优美的示范动作，不仅能够使学生建立起正确的动作表象，还能使学生对中国式摔跤产生更大的兴趣与美感，激发学生的学习欲望。

应用示范法教学应注意以下几点：

（1）示范动作定要规范化。
（2）示范动作要注意方位。
（3）示范动作要注意时机。

二、完整法与分解法

1. 完整法

完整法是指从技术动作或战术配合的开始到结束，不分部分和环节，完整地进行练习的方法，其优点是便于学生完整地掌握动作，不致破坏动作结构和割裂动作的各部分或动作之间的内在联系。完整法多用于动作比较简单、学生容易掌握，或内容虽然相对复杂，但是用分解法会明显破坏动作结构的教学内容。

> **应用完整法教学应注意以下几点：**
>
> （1）对于动作简单、学生容易掌握的教材，教师在讲解、示范之后就可以组织学生完整练习，在练习中发现错误，并及时指导纠正。
>
> （2）在讲解动作复杂的教材时，可以着重强调教材的重点，先解决技术（动作的基本环节），然后再解决技术细节（每一环节中的细节技术）。
>
> （3）对有一定难度的教材使用完整教学法时，可先简化动作要求，再按照既定要求进行练习；也可先原地或慢速做些模仿性练习，让学生体会动作的要求，然后再按动作技术规格进行练习。

2. 分解法

分解法是把一个完整的动作合理地分成几个部分或几段进行练习的方法，其优点是可以简化教学过程，有利于加强动作困难部分的学习，缩短教学时间，提高学生学习的信心，使其能更快地掌握动作。运用分解法时，应考虑各部分之间的有机联系，不破坏动作的结构，使学生明确各部分在完整动作中的位置及前后衔接，分解的时间不宜过长，应与完整练习相结合。一般是在动作较复杂、可分段、完整练习不易掌握动作的情况下，或动作的某部分需要较细微地练习时采用此法。

常用的分解练习法有单纯分解法、递进分解法、顺进分解法、逆进分解法。

单纯分解法指把所教内容分成若干部分，先将各部分逐一学习，掌握后再综合各部分进行全部学习。递进分解法指先教第一部分，然后再教第二部分，然后将第一、二部分联合起来教学，学会后再教第三部分；第三部分学会后，再联合第一、二、三部分进行教学，如此递进教学，直到完整地掌握动作。顺进分解法指先教第一部分，学会后再加教第二部分，第一、二部分学会后，再教第三部分，如此直接前进，直到完整学会为止。逆进分解法与顺进分解法相反，先学最后一部分，逐次增加学到第一部分，最后完整掌握[①]。

三、多媒体教学法

多媒体教学是一种现代的教学手段，它是利用文字、实物、图像、声音等多种媒体向学生传递信息，而多媒体教学法则是以各种电教媒体，如计算机、电视、录像、投影、幻灯等为标志，以传统的教学媒体，如示范、挂图、模型等为基础的多种媒体有机结合的教学方法。这种方法能够使学生快速正确地建立动作概念，优化讲解、示范、练习、反馈等体育教学环节，同时有利于弥补教师示范的不足，加强师生间的互动交流。

应用多媒体教学法教学应注意以下几点：

（1）提升教师自身信息技术应用能力和课件制作水平。
（2）注意选择多媒体信息内容符合学生实际。
（3）多媒体教学形式的多样性。
（4）多媒体教学方法的着眼点在于改善学生的学习。

四、预防与纠正错误法

预防与纠正错误法是体育教师为了预防与纠正学生动作错误所采用的教学方法。在摔跤教学中，由于教育心理、运动生理、教学内外环境与条件、学生学习方法等多种原因，学生难免出现这样或那样的错误动作，如果不及时纠正，就会形成错误的动力定型，不利于学生正确地掌握和提高技术。另外，有错误动作还可能导致伤害事故，因此，对于错误动作必须及时采取有效的措施预防纠正。

---

① 田麦久.运动训练学［M］.北京：高等教育出版社，2000.

应用预防与纠正错误法教学应注意以下几点：

（1）抓住重点，找出成因。教学过程中不仅要纠正当前出现的错误，还应当找出造成动作错误的具体成因，避免重复出现同类型错误。

（2）预防与纠正的同时，多肯定学生取得的进步，增强学生的纠错信心。

（3）使用多种方法纠正错误，根据动作错误的原因选择具体的方法，如限制练习法、诱导练习法、自我暗示法等。

第四节　中国式摔跤教学课的任务与结构

课的任务即是课程目标。课程的结构是根据课程任务而展开的课程各部分的配合和组织，它是课程的骨架。课程的结构是转化为教育成果的纽带，是课程实施活动顺利开展的依据。

一、教学课的任务

教学课的任务是根据本堂课的教学进度所制定的。课的任务安排要符合体育教学的一般规律和中国式摔跤的特点，针对学生的基本能力制定合理可行性任务。教学任务的设置要科学合理，难度由低到高，遵循循序渐进的原则，方能达到良好的教学效果。

二、教学课的结构

教学课的结构是指组成一堂课的几个部分，包括教学内容、组织教法、时间与量的安排。根据人体机能活动变化的规律，一堂课分为准备部分、基本部分、结束部分[①]，每个部分都有各自的主要任务、内容、组织教法与形式。

（一）准备部分

准备部分的开始一般是课堂常规，包括整队、点名、检查学生出勤率，宣

---

①叶晓航，徐建华.科学发展观下我国普通高校体育教学探析［J］.浙江体育科学，2011，33（2）：95-97.

布本节课的教学内容和要求等,时间一般占全课时间的20%左右。

准备活动的内容包括一般准备活动和专项准备活动。一般准备活动有慢跑、原地或行进间徒手操、游戏性练习,目的是使全身肌肉群、关节、韧带等部位得到充分的活动,为专项准备活动打下一定的基础。专项准备活动以基本部分相关的辅助练习或安排一些本项目练习中起基础作用的动作,如滚翻、挺腰、肩颈倒立等进行练习,目的是使身体各器官机能以及各肌群、关节、韧带做好充分准备。准备活动的组织方法,一般为集体练习的形式,也可安排分组进行;队列、队型可根据情况而变化;内容由静到动、由大到小、由简单到复杂、由局部到全身,使身体逐步适应。

(二) 基本部分

基本部分是教学课的重点,是完成教学任务的关键,时间的安排一般占全课时间的60%~70%。

基本部分的教学内容的安排应放在首位。为确保达到最佳的教学效果,在准备活动后应安排重点的教学和复习内容,此时学生身体机能处于最佳状态,体力充沛,精力较集中[①]。为了保证教学中的运动量和运动负荷,要合理安排训练的形式与次数,例如,集体练习时增加习练的次数;分排和配对练习时,控制适宜的运动负荷,便于学生相互学习与观摩。

基本部分的组织教法,以教师为主,充分调动学生的积极性和参与度,培养学生的组织能力、分析和解决问题能力,做到教学相长、取长补短。

(三) 结束部分

结束部分是有组织地结束教学活动,包括整理服装、场地器材,安排合理放松,布置课外作业,时间一般占全课时间的20%。

结束部分内容应根据本次课的性质与强度选择一些逐步降低运动负荷的练习,如徒手放松、相互拉伸、按摩等。教师要对本堂课进行总结和讲评任务的完成情况,以及针对个别内容提出要求。

---

①林道福.开放式教学模式在体育教学中的应用[J].青少年体育,2018(8):56–57.

思考题：

（1）中国式摔跤的基本特点有哪些？
（2）简述中国式摔跤学习的阶段与步骤。
（3）举例说明中国式摔跤教学示范法的应用。
（4）论述中国式摔跤的教学结构。

本章编撰：郭阔、康云涛

第七章　中国式摔跤的训练

中国式摔跤的训练主要由体能训练、技能训练、战术训练、心理训练4部分组成。在中国式摔跤训练过程中，受热身、技术掌握情况等因素影响，有时会发生一些损伤，为了尽量减少不必要的损伤，就要提前了解一些预防损伤的常识。

第一节　体能训练

体能是中国式摔跤技战术提高与发挥的基础与保障。中国式摔跤十分重视力量、速度、灵敏、耐力以及柔韧等基础性身体素质的发挥，在相应体能板块中形成了科学的体系化的训练方法。

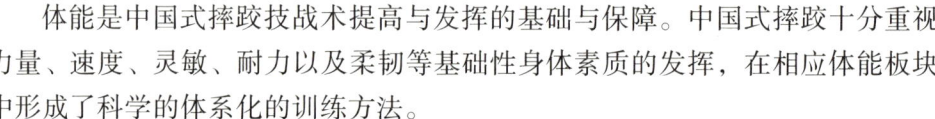

一、体能概述

体能是人体各器官的机能在体育运动中表现出来的能力，包括基本身体素质（力量、速度、灵敏、耐力和柔韧等）与人体的基本活动能力（走、跑、跳、投掷、攀爬等）两部分。它主要包括身体形态、身体机能、身体素质3个方面。

身体形态是指人体的内部、外部形态。内部形态特征的指标有心脏纵横径、肌肉的形状与横断面等；外部形态特征的指标有高度（身高、坐高、足弓高等）、长度（腿长、臂长、手长、头长、颈长、足长）、围度（胸围、臂围、腿围、腰围、臀围、头围等）、宽度（肩宽、髋围）和充实度（体重、皮褶厚度等）等。身体形态与运动成绩有密切联系，而遗传和环境等因素对身体形态起着重要的作用。一名优秀中国式摔跤运动员的形态概括起来是手大、腰长、肩的宽度适中，足、腿、背的形态正常，骨盆相对较窄，颈、臂、胸的转度指标较高，肌力较大，胸厚、臂长，下肢相对较短，少数大级别运动员除外。[1]

---

[1]盛江.浅谈摔跤运动员选材应注意的几个方面[J].科技视界，2015（14）：181.

第七章　中国式摔跤的训练

身体机能是指机体各器官系统的功能，它是身体活动能力的基础。人体的生理机能主要包括中枢神经系统、心血管系统、呼吸系统、消化系统、生殖系统、内分泌系统、物质和能量代谢、感官、体温等。中国式摔跤运动需要运动员有较强的心血管系统工作能力，能完成较强负荷的运动能力和运动后的恢复能力。

身体素质是指人体活动的一种能力，指人体在运动、劳动与生活中所表现出来的力量、速度、耐力、灵敏及柔韧等机能能力。中国式摔跤运动员需要短跑运动员的速度、举重运动员的爆发力、体操运动员的柔韧与灵巧、中长跑运动员的耐力，但又不是它们之间的简单组合，因此，中国式摔跤运动员的身体素质要求是全面的、缺一不可的。

二、力量素质训练

力量素质指人体神经肌肉系统在工作时克服或对抗阻力的能力。对于中国式摔跤运动员来说，力量是取得成绩的其中一个重要因素，它既是速度、耐力、爆发力、柔韧、灵敏的基础，也是掌握技术的必要条件，对提高其全面身体素质起着非常重要的作用。同时，有计划、有意识地进行力量训练，不仅能大幅提高训练效果，而且能有效减少运动创伤的发生[1]，因此，必须高度重视对中国式摔跤运动员的力量训练。

力量素质可分为最大力量、速度力量和力量耐力3种，这3种力量素质训练相互促进、相互影响。进行力量训练，能够使支配肌肉的神经中枢的机能得到改善，提高神经过程的强度，增强神经冲动的传递，从而改善神经系统的调节机能。

（一）最大力量训练

最大力量是指人体肌肉在随意收缩中所能表现出来的最大力的能力。在中国式摔跤力量训练中，发展最大力量的途径有两种：一是依靠肌肉内协调能力的改善；二是通过增大肌肉体积增大肌肉内收缩力。练习强度为本人最大负荷量的50%～100%，练习次数随着强度的增加而减少。

---

[1] 闵永健. 关于摔跤项目力量素质的训练方法的训练学分析［J］. 南京体育学院学报，2007（4）：123-125.

发展最大力量的具体训练方法依照训练学的力量训练理论，大致有以下几种：

（1）重复练习法：负荷强度为75%～90%，每项训练中完成的组数为6～8组，每组重复3～6次，组间间歇3分钟。

（2）阶梯式极限用力法：又称金字塔负荷体系，训练方法是85%×5次+95%×3次+100%×1次。一次课的练习从较低的负荷开始逐渐加大负荷并减少练习次数，将这种方法发展为将负荷的强度加到100%，即要求达到当天最高水平。

（3）静力练习法：通过大强度的静力性练习来发展最大力量，负荷强度为90%以上，每次持续时间为3～6秒钟，练习4次，次间间歇3～4分钟。

（二）速度力量训练

中国式摔跤运动员的速度力量是指运动员在最短时间内肌肉达到最大强度的能力。中国式摔跤专项技术动作连接与转换过程中，速度力量好的选手，使用组合动作也会很顺利，好的速度力量，在摔跤技战术运动过程中起到了至关重要的作用。

速度力量的训练方法主要有以下几种：

（1）双人快速抢把位（小袖—偏门或小袖—大领），15～20次×5组。

（2）重量40%～60%的石锁（铁锁、杠铃片）平推，30秒×5组（最多次数）。

（3）重量40%～60%的砣锣拧转，30秒×5组（最多次数）。

（4）大棒子踢（蹦子、崴等），20次×5组（最短时间完成）。

（5）快速潜入抱双腿，20次×5组（最短时间完成）。

（6）快速侧面抱单腿起，20次×5组（最短时间完成）。

另外，徒手练习如快速两头起、快速起坐、快速平推（杠铃）、快速过头翻、立定三级跳、立定跳远等都是增强速度力量的核心运动项目，能够在短时间内见到效果。结合专项技术动作练习速度力量，往往会达到事半功倍的训练效果。为了提高运动员练习速度力量的兴趣，可采取器械与游戏相结合的形式进行，从而促进摔跤运动员速度力量更有效地提高。

（三）力量耐力训练

中国式摔跤运动员的力量耐力是指能长时间完成对抗的各种动作所要求的高水平的肌肉收缩能力。发展力量耐力，应以动力性的练习为主，同时也要进行一定数量的静力性练习。采用静力性的练习时，收缩的肌肉附近的动脉血管壁会因肌肉压缩而减小，限制了氧的供应和酶的作用（肌肉高度紧张时甚至会中断这种供应）；而采用动力性的练习时，肌肉随动作的变化节律地紧张和放松，这样就能保证氧和其他营养物的供应，从而可以长时间地进行练习。中国式摔跤发展力量耐力的练习方法为，25%~60%本人最大负重，10~30次/组；练习组数的确定因人而异，在保证每组练习次数都能完成的前提下，再确定练习的组数；尽可能延长练习的持续时间；间歇时间的长短应由参与工作肌肉的多少和练习的持续时间来确定。如果练习要达到疲劳积累的目的，就要求在体力尚未完全恢复的情况下进行下一组练习。

三、速度素质训练

（一）速度素质的定义

速度素质是指人体快速运动的能力，它包括人体快速完成动作的能力和对外界信号刺激快速反应的能力，以及快速位移的能力。中国式摔跤对抗动作变化多端、快速敏捷，涉及的速度素质主要有反应速度、动作速度、移动速度。

中国式摔跤运动员在场上的反应是瞬间选择性反应，一是对对方的动作做出闪躲、反击；二是对于已经做出的无效动作，依场上形势快速做出相应改变的能力。在中国式摔跤比赛中，对抗时的抢把位或是使用各种单个摔跤动作和连贯动作，都要求运动员具有良好的快速运动能力，"以快取胜、以快制胜"也是中国式摔跤的战术特点。中国式摔跤的移动速度需要运动员进攻时能快速贴近对方的身体，防守时能瞬间摆脱对方的进攻，使其进攻落空。

（二）速度素质的训练方法

1. 反应速度训练

反应速度的提高在很大程度上取决于运动员对信号应答反应的动作熟练程度上。

（1）当身体处于静止状态时，听到刺激信号后立即按规定要求作出快速反应练习，简单方法如下。

- 原地直立，听到信号快速做高抬腿或半高抬腿练习，时间3~5秒，重复4~5组。
- 原地直立，听信号做弓步交替10~12次或3~5秒，重复4~5组。
- 原地两腿弯曲，足背屈、踵稍离地面，当听到信号后，立即做原地小碎步跑3~5秒，重复4~5组。
- 两脚左右开立，略宽于肩，听到信号后立即做两腿交叉开立跳，还原后做第二次交叉开立跳时，后腿应在前，可给练习者较快节拍，持续时间为6~8秒，重复4~5组。

（2）当身体处于动态时，听到特定刺激信号后，按规定要求做出快速的反应，常用方法有以下两种。

- 追逐跑：把练习者分成前后两排，前后排的距离为2米左右，按规定统一动作（如原地小碎步跑、基本技术、蹲跳练习等）进行练习，信号发出后，后排队员急速追逐前排队员，追逐距离为15~20米；再次练习后，前后排互换位置。
- 各种跳跃练习，如单腿跳、双脚并脚跳、前后开立跳、转体跳等。

2. 动作速度训练

（1）单人练习：主要是结合技术动作徒手练习或是结合多种技术动作的练习，想象面前站有对手，进而采取的快速使用动作的方法。

（2）双人练习：在比赛中运用的技术动作，组成双人的快速练习，可单个技术的快速练习（如揣、崴、小得合、切、抱腿）；可两个或多个技术动作的组合练习。根据不同时期、阶段而选择单个或多个技术组合的快速练习，也可提出在一定的对抗中去完成，以强化运动员运用技术时的速度感、发力时机。这种练习必须伴以动作的完整性要求，在平时训练安排的比重较大，特别是赛前训练应适当增加练习负荷。

3. 移动速度训练

（1）加速跑：站在起跑线后，采用自然起动方式，跑时由慢到快，逐渐增加速度。练习距离40～50米。

（2）折返跑：有3种不同距离的练习方法，15米×4、25米×4、40米×4，可采用触摸标杆或踩标志线往返跑方法进行。

（3）下坡跑（有上下坡形场地）：练习者在坡道上向下跑，跑的距离为30～50米。

（4）下坡跑接平地冲刺跑：同上练习。进入平地后，借助已获得的高速度与惯性继续再冲刺跑10～20米的距离。要求上体正直、抬腿要快。

（5）跳绳练习：可分为并脚跳绳（屈腿跳、直腿跳）、单脚跳、双脚交替跳、快跑跳绳等。时间为10秒、15秒、30秒一组，可安排6～8组。跳的距离为10～30米，可采用分组竞赛法。要求动作幅度小、转动速度快，以快摇、快跳为主。

四、耐力素质训练

（一）耐力素质的定义

耐力素质是指人体能坚持长时间运动或抵御神经、肌肉疲劳的能力。中国式摔跤新规则对时间的规定：一场比赛净时间为4分钟，分上、下两半场，时间为2分钟，中间休息30秒钟，并对消极比赛时间判罚极为严厉，不能超过15秒钟；另外，一天比赛不超过4场，每场之间休息15分钟[①]。因此，只有保持充沛的体力，才能保证比赛中技战术的充分发挥和运用，最终坚持到决赛结束，没有优秀的耐力素质是无法做到的。

耐力训练分为有氧和无氧代谢两种，大量研究表明，中国式摔跤是无氧代谢系统供能为主、有氧代谢系统供能为辅的运动项目。无氧代谢能力是指运动中人体肌肉的无氧代谢供能系统提供ATP的极限能力，它表示肌肉在磷酸原和糖酵解供能条件下的做功能力，由此可见，无氧代谢与力量耐力密切相关。中国式摔跤的耐力训练要达到这样的要求，就必须努力提高心肺的机能。

---

①颜卫红.基于新规则下女子摔跤运动员体能训练研究［D］.曲阜：曲阜师范大学，2014.

（二）耐力素质训练方法

1. 循环大运动量训练

循环大运动量训练通常采用长距离的跑步，如5000米、8000米、10000米、30分钟的计时跑，提高运动员的心肺功能，同时也可采取室内方法，多以技术、技巧、跑跳的速度要求为主。循环训练法（表2），多以杠铃、哑铃、壶铃、杠铃片、基本功动作、布人、沙袋、纵跳等，相互间隔安排成一圆周形，以每项交换时间10~15秒，3~5组为宜。这种方法多在夏、冬训和赛前训练中采用，可不断提高运动员的耐力。

表2　循环训练法的类型和特点[1]

要素\类型	循环重复训练法	循环间歇训练法	循环持续训练法
循环过程	间歇且充分	间歇不充分	基本无间歇
负荷强度	最大	次之	较小
负荷性质	速度、爆发力	速度耐力、力量耐力	耐力
供能形式	磷酸原代谢系统	糖酵解系统	有氧代谢系统

2. 车轮战

车轮战在训练中占有非常重要的地位，是提高运动员无氧代谢供能和提高竞技能力的重要手段，可在较高强度对抗中提高运动员的持久力。车轮战是按照不同时期、阶段或根据需要，有意识地提高某种能力而采用的方法，如高频抢手对抗、穿腿、躺刀、小得合、抢手与技术连接的高频对抗，自由实战可采用3~4人一组的车轮方式进行[2]。

---

[1]田麦久.运动训练学［M］.北京：人民体育出版社，2002：184-309.
[2]许勇，韩振彪.摔跤运动员体能训练的方法和要求［J］.科技世界，2013（29）：17.

五、柔韧素质训练

（一）柔韧素质定义

柔韧素质，是指人体各个关节在不同方向运动幅度的能力，以及肌肉、韧带等软组织的伸展能力。在中国式摔跤运动中，具有良好的柔韧素质，可以正确掌握技术动作，更重要的是有助于劲力的运用。在激烈对抗中，动作完成的质量在很大程度上取决于柔韧素质的好坏。各种摔法组合要想达到灵活多变的水平，必须要有肩、腰等关节良好柔韧素质做保证。如果腿部柔韧性不好，就不能正确完成各种摔法，从而在比赛中占不到一点优势。良好的柔韧素质还可以有效地避免在中国式摔跤训练中造成运动损伤。在运动员训练过程中最怕的就是受伤。一旦受伤，整个训练计划就被打乱，从而影响成绩的提高，甚至结束运动生涯。柔韧性不好往往造成肌肉拉伤和劳损，如运动员腰肌劳损、大腿肌肉拉伤、臀大肌拉伤、肩关节脱臼、腕关节扭伤等最常见，这些都与柔韧性有关。因此，加强柔韧素质训练、提高柔韧性能有效防止运动损伤。

（二）柔韧素质训练方法

柔韧性训练基本上采用动力拉伸法、静力拉伸法。动力拉伸法是指有节奏地、通过多次重复同一动作的练习使软组织逐渐被拉长的练习方法。静力拉伸法是指先通过动力拉伸缓慢的动作将肌肉等软组织拉长，当拉到一定程度时暂时静止不动，使这些组织得到一个持续被拉长的机会，停留时间在30秒左右。具体的柔韧素质训练方法和手段见表3。

表3 柔韧素质训练方法和手段[1]

身体部位	动力拉伸法	静力拉伸法
颈部	绕环	三角倒立
肩部	做桥的前、后、左、右摆动 单臂绕环、双臂绕环、仆步轮拍、握杆转肩	压肩、拉肩
腕部	绕环	压腕、搬腕

---

[1] 郎勇春.浅谈武术运动员柔韧素质的科学化训练[J].安徽体育科技，2004，3：31.

（续表）

身体部位	动力拉伸法	静力拉伸法
腰部	甩腰、涮腰、翻腰	前俯腰、下桥（腰）
腿部	正踢腿、斜踢腿、侧踢腿、外摆腿、里合腿、后踢腿	正压（搬）腿、侧压（搬）腿、后压（搬）腿、横叉、竖叉、仆步压腿
踝关节	绕环、单（双）脚纵跳	跪压、正压腿搬脚尖

注：桥为国标式摔跤动作。

六、灵敏素质训练

（一）灵敏素质的定义

灵敏素质是指人体在突然变化的条件下，快速、准确、协调、有效完成动作的能力，它是运动员的神经反应、运动技能和各种运动素质在运动过程中的综合表现，是一种复合运动素质。

评价灵敏素质的水平主要从3个方面来衡量：一是，是否具有快速的反应、判断、躲闪、转身、翻转、维持平衡和随机应变的能力。二是，在完成动作过程中，能否轻松自如地控制自己的身体，在任何条件下都能熟练、准确地完成动作。三是，能否将速度、力量、耐力、平衡性、节奏感等身体运动能力通过娴熟的技能予以表现。

（二）灵敏素质的训练方法和手段

1. 灵敏训练方法

（1）徒手练习法：包括单人、双人练习。

（2）器材练习法：包括单人、双人练习。

（3）组合练习法：两个动作组合、三个动作组合、多个动作组合等练习。

（4）游戏练习法：发展灵敏素质的游戏，具有综合性、趣味性和竞争性的特点，能引起练习者极大的兴趣，身体力行、积极思维、迅速判断、巧妙应对复杂多变的活动，有效提高神经过程的灵敏性，发展运动素质和运动技能[1]。

---

[1]姜智东.浅析发展灵敏素质及其训练[J].中国科技博览，2010，21：237

2. 灵敏训练的主要手段

（1）在跑、跳中迅速完成改变动作方向的躲闪、急停、转体、变向跑等练习，如听信号或看手势做迅速改变方向的各种跑、躲闪、突然起动，以及各种快速急停和迅速转体练习等，或者做形影不离、围圈打猴等灵敏游戏。训练时间不宜过长，练习重复次数不易过多，且休息时间不可过长，休息时间过长会降低神经系统的兴奋性，使反应迟钝。一般认为，练习时间和休息时间的比例可控制在1∶3。

（2）各种调整身体姿势或身体方位的练习。可以让运动员做一些调整身体方位的练习，如后滚翻、侧手翻、原地跳转360°落地站稳，以及头手倒立和各种站立平衡等，以提高运动员的平衡能力，使运动员在比赛中可以更准确地完成动作。

（3）利用各种条件，完成复杂多变的练习。教练员可以让运动员跟着音乐节拍跳各种健美操动作，或者做各种徒手操等进行协调能力练习，提高运动员的协调能力，间接提高运动员的灵敏素质。

（4）改变习惯性的动作速度或频率的练习。比赛场的形势瞬息万变，运动员的随机应变能力必须提高，必须跟上比赛场上的节奏。如让运动员听信号进行快慢高抬腿跑、变速跑，并配合急停、突然加速等训练，可以提高运动员自身的节奏感，使运动员在赛场上能够跟上甚至掌握比赛的节奏。

第二节 技能训练

随着运动训练学的不断发展和完善，人们对运动训练的认识逐渐深入，中国式摔跤运动训练的内容、目标、要求以及指导思想都发生了深刻的变化，运动员技术训练的核心和重点转移到了对各种技术应用能力的培养。对中国式摔跤运动来说，运动员技能训练的本质就是通过有关训练提升运动员在动态比赛中运用各项动作的身体反应能力。

中国式摔跤运动员自身的技能主要包含两个方面，即技术和能力。因此，对运动员进行运动技能训练也可以划分为两个主要方面：一是针对运动员动作技术的合理性进行常规训练；二是针对运动员在动态比赛条件下的身体反应能力进行重点训练，增强其比赛中动作的有效性。

一、中国式摔跤运动员技术训练

从教学论角度分析，技术训练首先是教师的示范与讲解给予学生信息，即对应完成的技术动作提出正确的技术要求。技术训练前应将学生按水平高低分成3类：初级、中级、高级。各类水平对应不同的训练阶段，依次为启蒙阶段、提高阶段、熟练阶段。每一阶段的训练目的、外部表现、分析原因、训练方法都要有针对性。

（一）启蒙阶段（初级）的技术训练

教师在技术训练的初期，需要对训练过程提出严格的要求，引导学生注重技术训练的实施，使其认识到不掌握正确中国式摔跤的技术就不能使自身力量得到充分的发挥，最终难有成功的体验。儿童、青少年在启蒙阶段训练中，主要掌握中国式摔跤的基本技能，如正确的站位（左架、右架）、抢把位，基本功中的腿功、腰功、倒地功等，都需要熟练掌握。

（1）训练目的：确定目标、培养粗略动作表象；积累基本的动作经验；学习动作的基本过程。

（2）外部表现：动作不协调、僵硬、附加动作多；动作不连贯、费力、节奏不清晰。

（3）原因分析：兴奋和抑制过程在大脑皮质中广泛扩散；运动条件反射未建立；传入和传出两个信号系统之间联系还没形成。

（4）训练方法：示范讲解，注意动作规范；想练结合，加强两个信号系统之间的联系；对正确动作进行强化。

（二）提高阶段（中级）的技术训练

（1）训练目的：动作素质分化；消除不必要的动作和肌肉过度紧张；开始稳固地克服各种干扰因素。

（2）外部表现：能用语言说明完成动作的程序；多余动作减少，练习过程中大部分错误动作得到纠正，能顺利地完成连贯动作技术；定型动作不稳定，遇到外界刺激（旁边有人观看）时，多余动作或错误动作可能会重新出现。

（3）原因分析：这一阶段，学生对运动技术的内在规律有了初步的理解，大脑皮质运动中枢兴奋和抑制过程逐渐集中，抑制过程加强，特别是分化抑制得到发展，大脑皮质活动由泛化进入分化阶段；运动条件反射已建立，但不稳定。

（4）训练方法：及时纠正错误动作，让学生重复练习，体会动作细节；逐渐增加动作难度，由简到繁、由易到难。

（三）熟练阶段（高级）的技术训练

（1）训练目的：能够自我纠正动作；提高动作技术稳定性和自动化程序；适应不同条件和在极端应激状态下熟练运用动作技术能力；达到竞技（比赛）状态。

（2）外部表现：动作准确、协调连贯，内脏器官的活动与技术动作配合协调，完成动作轻松自如；建立稳定的动力定型；不受干扰就能正确完成动作。

（3）原因分析：运动条件反射已经巩固；大脑皮质运动中枢兴奋和抑制过程在时间和空间上更加集中和精确；达到自动化程度。

（4）训练方法：运动员到了这一阶段，一方面，继续练习巩固技术动作，提高练习强度和动作质量，精益求精，使动力定型更加完善；另一方面，教练可以指导学生进行技术理论学习，更有利于动作达到自动化程度。

二、中国式摔跤运动员技能训练的方法和要求

（一）中国式摔跤技能训练的方法

技能训练主要采用自我练习、条件实战、实战训练等方法。

1. 自我练习

充分了解和熟练掌握动作要领后，运动员要多采取原地反复练习来不断强化、巩固正确的动作，如面对镜子，边练习边检查，重点体会动作的运行路线、方向、角度、用力技巧与使用动作的合理时机，对动作的力量、速度暂时不做要求。练习中要及时发现并纠正错误，特别是防止使用动作前出现预兆，尽量提高动作的隐蔽性；逐步加大练习的强度和密度。通过这种反复练习，不断强化运动员的动作意识，并形成正确的动力定型。

2. 条件实战

条件实战是提高中国式摔跤技能的必经之路，是指在一定条件限制下强化单个或组合动作的实际运用能力，以及培养时机感、距离感、胆量、反应能力等专项素质进行的训练方法。这是为了提高运动员的综合能力而设置的一种常用训练手段，如为提高"揣"的技术使用时机，规定乙方不要用力猛顶，甲揪乙小袖，猛力一捅，乘机插肩、背步、躬身、绷腿、用力下拉，将乙摔倒在体前。在条件实战过程中，还可以有目的地根据运动员的身体条件和技战术特长，培养、提高和巩固他们的得意技术，形成绝招。条件实战对提高各类技战术动作的运用能力有着不可替代的作用，是实战训练的基础。

3. 实战训练

实战训练是在严格按照中国式摔跤比赛规则的条件下，学生之间进行直接对抗的训练方法。初次进行实战训练的学生大多都存在恐惧心理，精神紧张、怕挨摔、消极防守等，一旦稍处下风或对手进攻猛烈，就不知所措一味消极防守。因此，在训练中应加强主动进攻意识的练习，不要出现单纯的防御形式。要敢于和强手对抗，当遇上比较强的对手时，不能让对手从精神上将自己打败，要充满必胜的信心和勇气，敢打敢拼，只有具备了良好的精神状态才能使技战术得到正常发挥乃至超常发挥。要注意观察对手的技术，学习对手的长处，磨练自己的意志品质，力争掌握战胜对手的技能。

（二）中国式摔跤技能训练的要求

1. 注重细节

中国式摔跤运动是一项看起来简单但实际极其复杂的运动，它需调动运动员各方面技能，在这项复杂的运动中包含着自身发展或者实施的规则和客观规律。运动员在训练的过程中面对如此众多的技术体系以及极其复杂的动作要领，犯错误是正常的。但是，错误和正确相对立，只有通过改正错误才能学会正确的技术动作。因此，在平时的训练中，教练员一旦发现运动员的动作存在错误要及时纠正，绝不能置之不理。

2. 准确判断

当在比赛时出现得分机会时，优秀的运动员会采取有效的攻击或是反击的动作获得分数。根据中国式摔跤运动的客观规律以及运动员大量的训练实践，除了在非正常的战术情况下，运动员的每一个动作或是每一系列的动作中都蕴含着机会，而不是要等到自己熟悉的姿势或是机会出现后才能发起有效的攻击。这种情况就是由漏动作引起的，长时间的犹豫或是等待会贻误得分的机会。

3. 攻守兼备

后退是一种防守的方式。在比赛中，当对方发起进攻时，一些运动员一味地后退而不采取进攻或是反击的手段，以为只要后退就能躲过对方的攻击。其实，后退也是一种防守反击的方式，一味地后退浪费了大量的机会，只能使自身陷入被动的局面中。俗话说得好，"最好的防守就是进攻"是有道理的。

第三节　战术及其训练

中国式摔跤战术，是根据比赛双方的具体情况，正确地分配自己的体力、力量，充分合理发挥自己的特长，限制对手特长，为了战胜对手而采取的合理有效的策略行动。在瞬息万变的摔跤比赛中，竞争异常激烈，双方始终处于发挥与反发挥、限制与反限制、控制与反控制的对抗中。尤其在双方势均力敌的情况下，依据一定的战术原则，正确运用战术往往是决定胜负的关键。

一、制订战术的原则

战术原则，是指制订战术计划、实施战术方案必须遵循的准则。

（一）按摔跤的动作功能设计战术

战术是通过运用一定的技术动作来实现的，不同技术动作的组成方案，表达了不同的战术思想。因此，按中国式摔跤的动作功能设计战术可以合理地、有效地发挥技术的战术原则。它能使我们从中国式摔跤技术的整体性、有序性、相关性、动态性的系统观点中，正确地制订战术，而不是孤立地、片面地考虑某一个战术环节和某一个战术动作的技术因素，产生单一的战术方案。

中国式摔跤的动作主要由手法、脚法、跤绊和步法组成，其中大部分动作既能进攻，也能防守，或攻中有守，守中寓攻。充分发挥其功能，就要认识动作之间的上与下、长与短、大与小、进与退、近与远、攻与防,互相矛盾、互相制约、互相转化的规律,按照不同动作的不同作用,制订不同的战术方案。

(二)按攻防兼顾的原理设计战术

比赛中,有些运动员一味讲究进攻,不顾防守;有的则单纯防守,不讲进攻,结果使攻防失调,顾此失彼。因此,要遵循"攻防兼顾"的原则,在瞬息万变的激烈对抗中,临战不乱、临危不惧,保持攻防的合理节奏。

攻防兼顾不是绝对的或一成不变的,比赛中要根据具体情况灵活运用。一般来讲,面对强手应加强防守,防中有攻,以防守反击为主;面对弱手应积极进攻,攻中有防,以主动进攻为主;水平相当的,要攻守兼顾,做到有序进攻,稳妥防守,抓住战机,猛烈进攻。

(三)按控制与反控制的原理设计战术

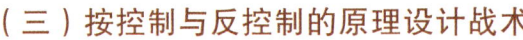

在摔跤比赛中,常听到运动员说:"我浑身是劲,动作还没有用上就输了。"这种现象是被对方控制所致。摔跤比赛的过程,实质上是一个控制与反控制的过程,谁控制了谁,谁就占有主动权。例如,甲乙双方,甲擅长靠摔,乙如果不能控制其特长,甲的靠摔也就会越摔越有劲,越靠成功率越高;如果换了丙与甲比赛,丙了解甲的特长,只要甲使用靠摔,丙便防守破之,成功几次以后,甲在心理上就会慌乱,不但靠摔这一技术专长发挥不出来,其他技术也难以正常地发挥和运用。在制订战术时,就是要根据控制与反控制的原理,全面了解双方的情况,避实就虚,先夺其长,掌握主动权,使其不能发挥技术特长。

(四)按灵活多变的原理设计战术

摔跤的任何战术不是万能的,比赛中采用固定不变的战术,容易被对方摸到规律,使自己陷入困境。设计战术时,应立谋虑变,多考虑几种战术形式及其相互之间的衔接和配合,这样,可以最大程度地体现不同的进攻方向和进攻点。不同攻击方向和攻击点是指从正面、侧面、背面等不同的角度,对对手的上、中、下三盘交错进攻。

由于摔跤比赛中进攻、防守和战术的运用具有博弈特点,因此,灵活多变要有针对性和实效性。否则，形式多样，华而不实，没有针对性、实效性，形式再多，也不能最终取胜。

（五）按对方实际状况设计战术

《孙子兵法·谋攻篇》中的"知己知彼，百战不殆"，是我国古代军事家确定作战方案的先决条件。摔跤比赛和作战打仗一样，要战胜对手，首先要了解对手。否则，制订的战术就没有针对性，就会陷入盲目的冒险中。设计战术之前应了解对手的下述情况。

1. 技术状况

对手是擅长使别，擅于使崴，还是使靠；他的主要得分手段是什么；他的技术弱点是什么，是防缠能力差，还是防切能力差等。

2. 攻防类型

一般来讲，运动员的攻防类型有3种。一是以主动进攻为主的进攻型；二是以防守反击为主的防守型；三是能攻能守的综合型。在制订战术前，要了解对手属于哪一种攻防类型。

3. 动态类型

运动员有不同的动态类型，有的属力量型，进攻时主要依靠强大的力量威慑对手，削弱对手的战斗力，以力取胜；有的属技术型，主要依靠良好的技术发挥，以得分取胜。对付前者需要制订以快制力、以巧制力的战术；对付后者则需要封堵路线、改变距离等，制订连续进攻的战术。

4. 身体素质

运动员之间的身体素质有着明显的差异，有的力量大，有的体力好，有的反应快，有的速度快，有的协调性好。对于不同身体素质的对手要采用相应的战术与其周旋。

二、常用战术

中国式摔跤战术主要包括战术意识和战术方法两个部分。

（一）战术意识

所谓战术意识，就是在中国式摔跤比赛中，运动员在复杂、多变和极其困难的环境下，及时准确地观察、判断场上的情况，随机应变，迅速而有预见地决定自己与同伴的配合行动和对付对手策略的思维活动。战术意识在摔跤比赛中起着组织和调控的作用。比赛的目的是战胜对手，围绕这一最终目的，运动员和教练员会针对每一场比赛和每一名对手的具体情况，相应地采取一系列措施和方法，以及遇到意外情况如何应对等，都会通过战术意识表现出来。

中国式摔跤比赛时效性强，需要在极短的时间内分析判断，并作出决策，随时付诸行动，因此，临场的战术意识完全凭直觉和经验解决战术任务，这就是摔跤比赛战术意识的最大特点。战术意识还包括赛前的准备和赛中的调控，因为任何技战术都离不开实战意识的支配、选择、组织和调节，最终形成习惯性动作。赛前根据对手和自己的具体特点制订相应的战术方案，会增强自信心，并减少比赛时的盲目性和反击的被动性。比赛场上局势千变万化，而且往往会出乎意料，这时训练有素的战术意识便会及时判断调整技术动作和战术方案，体现战术意识的灵活性和实效性。良好的战术意识可以保证运动员在比赛中合理、准确地利用体能和技术，以及巧妙地运用战术方法解决遇到的各种复杂问题[1]，这也是高水平运动员和一般水平运动员的根本区别。

（二）战术方法

战术方法是指赛前、赛中具体运用技术和战术，实施战术意识的方法。战术方法的选择、制订是根据实际情况而定的。以下介绍几种常用的战术方法。

1. 抢手抓把

摔跤者有一把得意的底手，便有利于应付对方的进攻。在中国式摔跤中，只有抓好对方的把位，才能更好地使用各种技术进攻对方。特别是近身的大跤绊，必须抓好对方的把位，才能有效地进招。因此，双方出招一交手，就要抢

---

[1] 朱淑明.浅谈摔跤运动员的战术训练［J］.安徽体育科技，2010（2）：23.

先出手揪抓对方的把位，争取主动。

2. 以快强攻

在双方对抗中，不等对方抓把位，就积极展开攻势，主动使绊进攻。俗话说"快打慢，慢打迟"，在摔跤比赛中，力量固然重要，但身体灵活、动作敏捷、快速也是非常必要的。摔跤讲的是以快制胜、动作突然，以迅雷不及掩耳之势使绊进攻，将对方摔倒。当然在进攻过程中，手脚配合要快，只有用有效的手法，密切配合快速的摔跤步法，才能收到较好的进攻效果。

3. 迂回佯攻

迂回是利用步法的移动从侧面进攻。当对方动作较大、攻击较强，或者当对方注意力进行正面防守时，采用迂回战术，避其锋芒，"以迂为直，以患为利"。

佯攻是有目的地造成对方错觉，把对方引入歧途，实现真实进攻。随着摔跤技术水平的普遍提高，特别对付动作反应快、防范能力强的对手时，直接进攻易被防守，采用指上打下、声东击西等假动作可以转移、分散对手的注意力，促使其对虚假动作产生某种反应，再乘机攻击其防守的空当部位或空虚部位，提高进攻质量。

4. 边线战术

摔跤的边线战术不同于其他搏击项群的边线战术，它是指运动员合理地利用规则规定，在自己处于有利或不利条件下靠近边线实施防守或进攻的摔跤技法。在摔跤比赛中，特别是双方实力相当的条件下，多是使用这种战术，捕捉为数不多的战机，摔倒对手或得分取胜。

5. 心理战术

心理战术就是通过某些特定的方式和措施，对对手造成心理上的影响，而争取比赛胜利的战术行动。现代竞技运动的激烈对抗特征之一，即是比赛中运动员不但要承受密度大、高强度的生理负荷，而且要承担大强度的心理负荷。运动员个人微小的心理变化，对比赛即会产生不同的影响和结果。如赛前隐藏自己的特长和实力，或者第一局比赛中故意表现技不如人，给对手以错觉，使对手放松斗志，最终赢得比赛。

总之，摔跤战术是对付不同对手而制订和运用的，战术的运用有防守战术和进攻战术，在摔跤比赛中，要能灵活地运用战术，随机应变。战术的掌握和应用，需要平时刻苦的训练和扎实的基本功。

三、战术训练的要求与方法

（一）战术训练的要求

1. 树立正确的战术思想

战术训练包括的内容有树立正确的战术指导思想、培养战术意识、掌握战术知识、掌握和运用战术行动4个方面。只有在正确的战术指导思想下进行训练，才能建立起良好的战术体系。

2. 注意增强战术意识，提高战术技能

重视培养运动员的战术意识和战术技能，这是战术训练中十分重要的内容。

3. 注意防守与进攻战术相结合

在战术训练中必须把进攻和防守战术作为统一整体来抓，不可分割。

4. 注意培养运动员运用战术的应变能力

摔跤运动既是体能、技术的对抗，同时也是智力的竞争。在比赛中，情况不断发生变化，运动员必须根据变化情况及时改变对策和战术。比赛场上竞争激烈、千变万化，一瞬间会出现多种复杂情况，只学会或掌握一个战术行动是远远不够的，必须掌握完整的战术体系，而且战术还要用得活，战术的隐蔽性越强，威力也就越大。

5. 注意战术质量

要重视和抓好战术质量。检查战术质量应看以下3个方面：①战术行动的正确性、隐蔽性、预见性和针对性；②对对手的欺骗性；③战术运用的灵活性与创造性。

6. 注意基本战术与复杂战术相结合

在基本战术训练的基础上进行各种复杂战术的训练，把两者训练有机地结合起来。

7. 全面协调发展

战术与身体、心理、智力训练同步，战术训练要同身体训练、技术训练、心理训练、智力训练相结合，同步进行，相互促进。

（二）战术训练的方法

1. 由易到难掌握战术

开始使运动员初步掌握简单的战术，使他们理解战术意图，如在边线如何利用保护区使用进攻技术，而又不失分，迫使对方防守出界等。根据具体情况，逐渐提高战术难度，使之达到比赛要求。

2. 在复杂困难的条件下进行训练

这种方法的目的是保证运动员对已掌握的战术运用得更加熟练，从而提高战术运用的效果。

3. 组织教学比赛进行实战训练

这种方法可以使运动员对战术意图的理解更进一步、更深一层，对战术的掌握更牢固、运用更合理，有效性更高。

4. 在接近比赛条件下模拟训练

这种训练使战术更具有针对性，如在充分了解对方的情况下，针对对方特点制订比赛战术方案、计划，并进行赛前模拟训练等。

5. 以比赛实例分析战术

这种方法的好处是，可以帮助运动员认识战术的重要性和必要性，从而加深对战术意图的理解和运用。利用录像分析对手的战术，也是一种良好的战术训练手段。

第四节　运动员的心理训练

在中国式摔跤比赛中，运动员既要相互制约，又要相互利用。运动员在比赛中利用心理上的博弈，影响对方的发挥，这也是中国式摔跤的重要特征。赛中，良好的身体素质需要优秀心理素质来保障，从而在与对手的竞技中发挥自身的技战术水平,因此心理技能训练极具重要性。

一、中国式摔跤运动员的心理特征

(一)意志力

意志是中国式摔跤运动员的一种重要心理素质,它是运动员自觉地支配和调节自己的行动的能力。中国式摔跤运动项目比赛特点是时间短、对抗性强、比赛强度大,运动员在激烈的比赛中,在大强度对抗的情况下要运用各种技术;运动员在比赛中也可能遇到裁判员的漏判、误判和观众的呐喊、吼叫;运动员还可能产生对自己能力的怀疑,缺乏自信和兴趣等。面对这些困难,运动员不仅要有充沛的体力、娴熟的技术和灵活多变的战术,更需要具有坚强的意志力。

(二)运动感知觉因素

运动感知觉是人脑对外界事物和人体自身运动状态的反映,运动感知是一种复杂的知觉,它由许多感觉要素构成,如在中国式摔跤比赛中形成精确的感知觉,控制动作的时间感、节奏感、距离感,以及视野的位置等,可以获得良好的感觉,俗称"跤感"。在中国式摔跤实战中形成专项运动所需要的专门运动知觉,是保证运动技战术质量的关键因素之一。通过训练提高运动员的运动感知觉能力,是运动技战术训练中不可缺少的环节。在教学过程中,教师一方面应了解技战术动作的结构特点;另一方面也要把握住实战运动的空间、时间等知觉的"关系反射",以实现专项技术动作的自动化和战术意识的配合为重点,促进专门运动感知觉的明确化。如果实战训练方法安排不当,就会使受训者的专门运动感知觉更加模糊,严重影响实战效果。

(三)焦虑因素

焦虑产生于一定的应激源,其中包括内部应激源和外部应激源。内部应激原主要包括个人的思维方式、自我评价、态度等因素;外部应激源是影响运动员发挥的外部因素,如较差的场地环境、比分落后、有偏见的观众等。应激源的影响主要体现在情感—自主神经系统、身体—行为及认识方式3个方面的变化上。应激反应的主要表现为自主神经高唤醒、情绪沮丧、肌肉紧张、动作协调性下降、思维消极、不能控制自己的思想、注意力涣散或过分警觉等。

二、心理训练的内容和方法

（一）心理训练的内容

1. 意志力训练

（1）强化实现目标的内部动机。内部动机是源于运动员的内部，与活动过程本身相联系的动机，主要包括体现自我力量、能力和价值的动机，追求自身潜能充分实现或成功的动机及寻求刺激、满足好奇心的动机等。内部动机激发的活动不需要外部强化，行动持久而稳定，培养运动员的意志，能充分调动和维护运动员的内部动机。成功的活动、正确的目标设置、强烈的运动兴趣是与激发运动员能力相符的要求，使他们能经常体验到成功，这样就会增强内部动机。经常变换训练程序和内容，是培养运动员兴趣的有效方法，对于青少年运动员，也可以利用他们的逆反心理的特点来激发运动兴趣。

（2）帮助建立正确的归因方式。运动员在面对某一行为结果时，总会自觉或不自觉地对行为原因进行分析。运动员对结果的不同归因会产生不同的情感体验，满意或不满意的情感体验都会影响运动员后续活动的积极性和坚持性。运动员将结果归为内部不稳定因素（如努力程度），对其意志力的培养具有积极意义。运动员将失败归为内部因素（如能力），或将成功归为外部不稳定因素（如运气），一般会对运动员的意志培养产生消极影响。

2. 应激与焦虑调控

（1）外部应激源引起焦虑反应的调控。转移注意力或避开应激源；消除焦虑反应与外部线索的联系；化消极因素为积极因素，建立新的反应。

（2）内部应激源引起的焦虑反应的调控。研究表明，出现错误或出现疲劳不一定与应激源有关。优秀的运动员会把犯的错误看作对自己的一种鞭策，不断改进和完善自己的运动技能；而不成功的运动员则念念不忘自己犯过的错误，产生消极情绪反应，最终导致动作失误。所以，一旦出现这种迹象，就应利用放松、视觉运动行为的演练，以及改变认识方式的方法加以矫正。

（3）自主—生理反应的调控。单用放松法调控自主—生理应激反应可能效果不是很好，而采用焦虑调控训练更适宜，焦虑调控训练是在相对较高的唤醒状态下，直接用放松法应付焦虑反应、愤怒或其他冲动行为。也就是说，用视觉化应激情景，引起生理唤醒，再用放松法使心率、呼吸频率下降，达到消除焦虑的目的。

（4）身体—行为反应的调控。身体—行为反应可能是一个复杂过程，但如果焦虑主要表现为肌肉紧张、僵硬，可用简单的放松或呼吸练习来调控；若焦虑表现为动作不协调、烦躁行为，可通过慢速散步、慢慢活动手臂等方法来进行调节。

（5）认识应激反应的调控。认识应激反应可能是一种应激源，也可能是应激反应，可以用积极的自我谈话法、问题解决法、注意力集中法、辨别环境训练法等进行控制。另一个重要方法是认识结构法，它要求运动员不必有不合理的思维方法。

（二）心理训练的方法

1. 目标设置训练

规划动机性活动的结果称为目标设置。目标设置是运动员行为的推动力量，将很大程度上决定训练的方向和强度，能够集中人的能量，激发、引导和组织人的活动。目标设置必须遵循以下几点：

（1）长期目标和短期目标相结合。长期目标和短期目标相结合是现代中国跤训练中常用的方法，为了提升训练效率，运动员的长期目标分解为中期、短期的目标。运动员在没有分解的情况下，只有单一的长期目标，短时间内自身条件和训练水平无法迅速提升，很容易使长期目标无法实现，最终丧失信心，失去在赛场上拼搏的动力。因此，教练员针对运动员的实际情况，将长期目标分解为短期目标，能够有效维持运动员的动机水平和自信心，驱动运动员朝着长期目标而不懈努力。

（2）目标应具体化。在设置目标的过程中，应当把目标具体化。在中国跤训练中设置具有可测量性的目标，会比一般性目标有更大的推动效果，动机能够被明确分析的数量标准最大程度地激发。例如，大部分学校规定学习成绩以中国跤比赛成绩作为依据,针对运动成绩特别优异的,学校采取推荐就业或直接给予研究生保送等奖励措施,这样可以让运动员的目标具体化。

（3）目标应具有现实性。运动员的目标应当在努力训练后能够实现,目标设置不能过高或者过低,过高容易使运动员过度受挫,产生对自身的怀疑,甚至放弃努力;过低也无法充分激发和调动运动员的成长潜力。现实适中的目标对中国跤运动员而言十分关键,目标的设立需要教练员对各个中国跤运动员的能力水平进行分阶段规划,给出适当的目标计划。

（4）确定任务定向目标。任务定向是强调纵向的自己与自己对比,是运动员自身内部动机的维持与提高,注重运动员自身的成长进步,以掌握体育技能,充分完成目标的心理定向。将他人同自己进行横向比较,强调社会参照,称为自我定向,是以超过他人为目标的心理定向。为避免损害运动员自身内部动机,设置任务定向的目标非常必要。

2. 放松训练

作为一项重要的心理技能训练,放松训练能够有效地调节中枢神经系统兴奋程度。在中国跤训练过程中,运动员以暗语集中注意,调节呼吸节奏,保证最大程度放松自身肌肉。放松训练也是表象训练、系统脱敏训练等多项心理技能训练的前提,为其他的心理技能奠定基础。时间进行方式方法、自身放松方法和松静气功等都是有效的放松方式,使中国跤运动员能够降低自身神经兴奋程度,减少自身能量因紧张情绪而造成的过量消耗,保障运动员心理和生理都得到休息,加快自身体能恢复。

3. 暗示训练

中国跤运动员在每堂训练课结束后,可由教练员引导,通过刺激运动员心理,对运动员进行行为控制的方式,称为暗示训练。暗示训练通常是通过语言刺激来实现的。对运动员来说,学会放松肌肉,调整兴奋和抑制的平衡状态,决定了能否在中国跤比赛中保持良好的竞技状态。体育心理学的研究表明,运动员可以借助自我暗示,激发自身的潜能,调动神经肌肉的积极状态。自我暗示能够提高中国跤动作的稳定性和成功率,使他们全身心投入比赛和训练,然后可转入自我动员[1]。在反复默念"我充满了力量""我一定可以战胜对手"等暗示语后,能够提升运动员精神状态,快速进入比赛节奏。

---

[1] 朱淑明.浅谈摔跤运动员的战术训练[J].安徽体育科技,2010(2):23.

4. 表象训练

中国跤运动员心理技能训练的核心是表象训练，它能够使中国跤运动员增强信心，保持最佳竞技状态。运动员在暗示语的指导下，反复想象中国跤技术动作或运动情景的形象，技能和情绪控制能力在重复技术动作的想象下得到增强。长期坚持动作表象训练，能够提高比赛中的战术意识和技术动作，运动员能够加深对正确动作的记忆[①]。巩固已掌握技能的动力定型和强化战术意识，是表象训练的重要目的。对中国式摔跤项目而言，运动员每次训练后，通过表象训练进行放松练习，排除外界的干扰，对训练中的技术动作进行表象或战术模拟"演练"，有利于自身技能的加强。同时，运动员在想象出多幅自己认为完成训练时最成功的图像，在头脑中能很清晰地反映出来，并长期保存这些图像，经过长期的训练，比赛中运动员能够自如地施展出这些印象深刻的动作，从而制敌取胜。

5. 模拟训练

反复模拟实战场景的训练称为模拟训练，用于提高对中国式比赛中各种情况的反应能力。运动员借此增强对中国跤比赛应急状况的适应，通过模拟训练建立动力定型结构，提高各种极端情形的应对能力，保障技战术能够正常发挥。通过实战进行模拟训练的设置，保障中国跤运动员对实战比赛中遇到的各种情况有针对性的准备。实景模拟和语言、图像模拟是模拟训练的主要途径。实战模拟借助真实还原比赛场景，保证在实战训练的感受同正式比赛相同，模拟真实的比赛、观众等因素，了解真实中国跤比赛中对手的技战术。在模拟实战中，针对性的喂招可提高比赛中运动员的自身水平的发挥，也可进行对手技术方面的针对性练习。语言图像的模拟式，是利用语言或图像描述比赛时的情景，使运动员先期适应对比赛中发生的情况，常见的有，通过电影、录像及播放录音等来显示对手的特征和比赛的气氛，描述裁判的误判、对手的行为和自己的行为等。

第五节　运动损伤及其预防

中国式摔跤运动损伤是指在中国跤运动或健身运动过程中发生的各种损伤。在中国跤锻炼过程中，损伤是不可避免的。中国跤运动损伤一般有两种：

---

① 朱淑明. 浅谈摔跤运动员的战术训练［J］. 安徽体育科技，2010（2）：23.

开放性损伤和闭合性损伤。开放性损伤是指伤后皮肤或黏膜的完整性受到破坏，受伤组织有裂口与体表相通；闭合性损伤是伤后皮肤或黏膜仍保持完整，受伤组织无裂口与体表相通。

中国式摔跤运动员在训练和比赛过程中，由于准备活动的不充分、运动员的力量薄弱、急于求成的心理原因以及技、战术水平的差异，都有可能发生运动损伤。出现运动损伤，运动员就无法正常的参加训练和比赛，从而破坏了训练的系统性和持续性，阻碍技、战术水平和运动成绩的提高，严重的甚至会终止运动职业生涯。因此，运动损伤的预防在中国式摔跤运动中占有举足轻重的位置。如果对中国式摔跤运动损伤发生的规律和原因做到了解并掌握，做好预防，就能在很大程度上减少或避免运动损伤的发生。

一、常见的运动损伤及处理

（一）常见运动损伤

（1）膝部损伤：主要有膝关节内侧副韧带断裂、膝关节内侧半月板损伤、膝前十字韧带断裂。

（2）腰部损伤：主要有腰肌筋膜炎、腰3横突综合征、腰5峡部裂。

（3）关节脱臼：常见的脱臼部位有肩关节、手指关节、脚趾关节、肘关节。

（4）骨折：骨折部位有手指骨折、小腿骨折、大腿骨折、前臂骨折、上臂骨折、脚趾骨折。

（5）肌肉损伤：常见的有扭伤、拉伤，如肌肉筋膜炎、股直肌拉伤、肩胛肌拉伤、腰肌劳损。

（6）其他损伤：中国式摔跤技术首先就是抓把位，因此，脸、手、颈等部位被抓伤经常发生；另外，眉骨被头、肘撞伤也时有发生。

（二）常见运动损伤的处理

1. 肌肉、韧带拉伤的处理

肌肉、韧带拉伤的处理可根据疼痛程度判断受伤的轻重，一旦出现疼痛感应立即停止运动，并在痛点上用冰块或冷毛巾冰镇受伤部位，保持30分钟左右，以利于小血管收缩，减少局部充血、水肿，切忌揉搓及热敷。

> **肌肉拉伤的处理步骤：**
> （1）用冷水冲局部或用毛巾包裹冰块冷敷。
> （2）用绷带适当用力包裹损伤部位，注意包扎力度要适中，防止包扎过紧造成缺血性坏死。
> （3）将患肢抬高，防止肿胀。
> （4）24~48小时后拆除包扎。根据伤情，拆除包扎后可热敷或用较轻的手法对损伤局部进行按摩。
> （5）肌肉拉伤严重者，如将肌腹或肌腱拉断者，应抓紧时间去医院做缝合手术。

2. 关节扭伤的处理

（1）踝关节、膝关节、腕关节、肘关节扭伤处理。受伤后应立即加压包扎（颈、腰除外），包扎前，在伤侧放上厚棉花垫，然后用绷带包扎好受伤关节，以保证损伤韧带处于放松状态。经上述处理后，抬高伤肢，以达到止血制动的目的。24小时后，如无继续肿胀或出血倾向，即可在伤处周围进行按摩，两天后开始做局部按摩和热敷。

（2）颈部、腰部的扭伤处理。轻者可热敷，配合轻微的运动，同时可采取一些物理手段进行治疗，如按摩，从局部抚摩开始，逐渐加大面积，按摩时可配合选用穴位进行治疗，效果更佳；也可采用针刺的方法刺激加以治疗。对损伤较重者，应及时送到医院进行影像检查，避免延误病情。

3. 关节脱臼的处理

关节脱臼即关节脱位。一旦发生关节脱臼，应保持安静，不要活动，更不可揉搓脱臼部位，在损伤现场若没有治疗脱位整复的人，不可以随意进行整复，以免加重损伤。

关节脱臼最常见和最简单的处理方法是：保持脱位已经形成的姿势，用夹板和绷带临时固定伤肢，然后送医院或找有经验的大夫处理。肩关节脱位的临时固定方法是，用两条长的毛巾或布带，一条兜住伤肢前臂并挂在颈部，另一条将伤肢固定于胸部，在健康侧腋下作结。

4. 骨折的处理

骨折是运动中一种比较严重的损伤，骨折可分为完全性骨折和不完全性骨折，完全性骨折为骨运动时发生完全断为两块，如横断骨折、螺旋骨折；不完全性骨折即骨未完全断裂，如裂缝骨折、柳枝骨折。

（1）运动时发生骨折的原因：一是直接暴力，如使用踢的动作时，小腿被踢伤发生的骨折，摔倒在地面上引起的髌骨骨折。二是间接暴力，如摔跤时配合摔时，用手撑地时发生的肱骨髁上骨折，踝关节内翻扭伤时引起的腓骨骨折。三是肌肉前列的收缩时引起，如力量练习时提起杠铃突然进行翻手腕动作，前臂屈肌附着在肱骨内上髁处，可因突然收缩而产生撕脱骨折等。

（2）在运动过程中骨折的处理。首先要停止伤肢的活动，立即进行急救。如果伤者疼痛厉害，要注射止痛药；如果伤者有休克的症状，要平卧休息，喝一些热茶水，必要时注射强心针。

其次进行固定包扎。固定包扎时，动作要轻巧、缓慢，不要乱扔、乱拽，以免造成严重的错位，影响整复。如果上肢骨折，要用一个长40厘米、宽6厘米的木板托住伤肢，用绷带扎紧骨折处的上下两端；上肢如有畸形，没有经验的人也不要乱抬或乱拉，以免造成二次伤害并给医生整复造成麻烦。如果是下肢骨折，先将伤腿轻轻地和好腿并起来，然后用宽布条或褥单将两条腿缠在一起，慢慢抬上硬板担架或普通门板上，并送往医院救治。如果是头部、颈部或脊柱骨发生骨折，搬动时要更加小心，以免损伤神经和骨髓，造成肢体瘫痪。搬运时，头部用枕头或衣服塞紧，防止移动，固定好以后，伤者千万不要扭动肢体，在送往医院的路上也要迅速、平稳。

二、常见运动损伤的预防

（一）准备活动充分

准备活动是为了克服训练或比赛前内脏器官植物性机能的惰性，提高大脑皮质神经系统的兴奋性，为即将来临的工作做好生理上和心理上的准备。准备活动安排在每次训练和比赛前，充分、全面、合理的准备活动才能使机体避免损伤，内容可以安排跑步、关节操、拉韧带等，要由轻到重、由小到大，使肌肉得到充分的血液供应，以达到增强肌肉的力量和弹性。准备活动要全面，包括躯干、四肢的大肌肉和较小关节的肌肉的活动[1]。准备活动还要根据教学内容和学生身体状态的不同制订相应的准备活动内容。有的准备活动也可以是与

---

[1]朱淑明.浅谈摔跤运动员的战术训练[J].安徽体育科技，2010（2）：23.

专项相关的，如摔跤运动中柔韧性的练习。摔跤运动员必须具有良好的柔韧性，摔跤中许多下肢动作，如髋、膝、踝协同运动的多关节运动，要求下肢进行大幅度的摆动，柔韧性的好坏是关键，同时，柔韧性好还可减少损伤发生几率。灵敏性、协调性练习也可以在准备活动中出现。

（二）运动员身体素质全面提高

身体素质的全面提高不仅有助于运动成绩的提高，而且可以预防不必要的伤病。大多数损伤都是由于肌肉力量薄弱引起的，特别是在实战中大强度的激烈对抗，瞬间完成的技术动作都很具杀伤性。身体素质的全面提高有助于提高运动员的灵活性、反应能力、抗击打能力和对机体的控制能力。身体素质的全面提高包括肌肉力量训练、抗击打能力、动作速度、爆发力和速度耐力等，应采取多样的训练方法进行素质训练，加强与技术动作有关的肌肉素质训练，并且要注意协调肌的配合。不能出现只练习局部肌肉的现象，这样会使肌肉过于僵硬。建立身体素质评价标准，并为运动员建立健康档案，可以更好地减少损伤。

（三）加强易伤部位的肌肉力量练习

损伤往往是因为力量不足，运动员在比赛训练中自我保护意识不强，或保护动作不正确，则很容易受伤。中国式摔跤运动损伤部位中最为突出的是手指、肩关节、脚、膝关节、踝关节等部位，这就要求运动员平时训练时加强关节韧带的力量训练，也应加强易受伤部位和相对薄弱部位的训练。如预防腰部肌肉的损伤就要加强腰部肌肉力量和伸展性的练习，预防小腿后群肌肉的拉伤就要加强股后肌群的练习，预防大腿后群肌肉的拉伤就要加强股后肌群的力量和伸展性的练习。另外，多做指力练习可以防止指关节挫伤[①]。

（四）科学合理安排运动训练

教练员依据运动员不同年龄、水平、健康状况，科学地安排训练内容，在运动量的安排上要做到因人而异、循序渐进，把握好训练和恢复；在训练中还要防止由于局部负担过重、肌肉疲劳而出现运动损伤；在每组练习的时间间隔

---

①朱淑明.浅谈摔跤运动员的战术训练［J］.安徽体育科技，2010（2）：23.

内安排些适宜的放松练习，可以使疲劳得到缓解。在训练中，训练原则和体育教学是实施教学与训练顺利进行的依据，如果在教学中违反了原则，就容易造成各种损伤，特别是系统训练原则、循序渐进原则和区别对待原则非常重要。在教学与训练中，要充分考虑到队员的年龄、健康状态、身体素质、训练水平、技术水平的差异，安排适当的训练计划。教练员应制订科学的训练计划，充分了解每次训练内容中哪些技术动作不易掌握，哪些技术动作容易受伤，采取预防手段；合理安排运动量，加强全面身体训练，提高各项身体素质；加强基本技术训练，尤其要注意运动关节的局部、负担量和伤后恢复训练问题；不断改进训练方法，在练习动作时注意从易到难，从分解动作到完整动作，这样就能减少或者避免运动中的损伤。

（五）注重运动恢复

中国式摔跤训练的全过程应该是超量恢复的一个过程，因此，科学地掌握训练负荷能使身体恢复受到事半功倍的效果。中国式摔跤属于身体直接对抗性运动项目，技术复杂多变，运动员在进行高强度、大运动量的训练后，如果不采取有效的措施进行恢复就会导致疲劳的积累，引起过度疲劳和某些局部负荷量的增加，从而引起运动损伤的发生。中国式摔跤运动员可以根据条件进行按摩、桑拿浴和心理放松等，这能够加速疲劳的恢复，预防损伤的发生，而且为以后的训练和比赛提供保障。在膳食结构上，中国式摔跤运动员应该特别注意体能的恢复和营养的补充，可以多吃一些新鲜的蔬菜和水果，有利于消除运动过程中积累的酸性产物（如乳酸等）。另外，应保证充足的睡眠，增加微量元素及矿物质的补充。

（六）常抓思想意识教育和医务监督

中国式摔跤运动员运动寿命的长短取决于年龄和受伤情况（特别是损伤问题），加强运动员的防范意识可以最大限度地减少损伤，延长运动寿命[①]。教练员和队医应在平时训练时注意医务监督，定时检测运动员的生理、生化指标。在损伤发生后，教练员和队医要从思想上引导和督促运动员积极配合有效的治疗，力求完全治愈和恢复损伤。教练员还应仔细观察训练时运动员的情况，注意区别对待个体差异，及时发现运动员伤情，做到早发现、早预防、早

---

① 朱淑明. 浅谈摔跤运动员的战术训练［J］. 安徽体育科技，2010（2）：23.

治疗、早康复。对运动员的受伤情况应进行分时段的观察、登记，并派专人进行细心陪护。对不同受伤程度的运动员，应采取积极认真的态度，采用多种方式的康复性运动，不提倡单纯的休息，特别是伤病恢复初始阶段的运动员应适当加强伤部肌肉的力量练习。同时，在运动员训练或外出比赛时，应该合理安排好每天的活动量，有步骤、有计划地进行康复训练和耐心的监督。

思考题：

（1）什么是体能？中国式摔跤的体能训练内容有哪些？

（2）结合一项中国跤技术设计一套训练方法。

（3）简述中国式摔跤技能训练的方法和要求。

（4）什么是战术意识？联系实践，分析自己常用的几种战术方法。

（5）论述中国式摔跤运动员的心理特征和训练方法。

（6）中国式摔跤运动员的常见运动损伤有哪些？简述骨折的处理方法。

（7）如何预防中国式摔跤运动员在训练中常见的运动损伤？

本章编撰：王路遥

第八章　中国式摔跤竞赛的组织与裁判

中国式摔跤竞赛的组织与裁判是开展中国式摔跤竞赛活动的关键，它主要由中国式摔跤的组织、编排及竞赛规则等内容构成。

第一节　竞赛的组织

中国式摔跤竞赛的组织是一个较为复杂的过程，需要处理的工作较为琐碎，因此一定要做好竞赛前的准备工作，然后，按照既定的程序组织开展竞赛的各项工作。

一、竞赛的准备工作

（一）制定竞赛规程

竞赛规程是举办中国式摔跤竞赛的指导性文件，是所有参加运动队必须共同遵守的章程。主办单位必须根据竞赛目的、任务、性质、规模等具体情况制定竞赛规程。竞赛规程一般应在赛前三个月发出，以确保参赛各队有充分的准备时间。

（二）赛程安排原则

一般而言，中国式摔跤竞赛赛程的安排应遵守以下原则：
（1）根据赛会比赛时间规定、项目级别多少、各级别参赛人数，科学、合理地安排赛程。
（2）无论参赛人数多少，同一级别的所有比赛原则上应在一天内结束。
（3）有利于运动员的体力恢复，有利于竞赛进程和竞赛效果。

（三）制定竞赛日程

竞赛日程是竞赛内容的具体化，主要涉及抽签、称重、竞赛时间、开幕式、颁奖、闭幕式等内容的安排。具体如下：
（1）抽签及称量体重安排。
（2）适应性训练时间和竞赛时间安排（每天两单元或三单元）。
（3）开幕式安排。
（4）发奖和闭幕式安排。

（四）编制秩序册

参赛队报到时要下发印制好的秩序册，因此，秩序册应在遵守基本要求的情况下提前编排好。

1. 编制秩序册的基本要求

（1）在报名截止日期后开始编制。
（2）核实准确无误，印刷美观。
（3）可根据需要刊印赞助商广告，但不可喧宾夺主。

2. 秩序册涉及的主要内容

（1）竞赛规程。
（2）组委会及组织机构名单。
（3）仲裁委员会名单。
（4）裁判组名单。
（5）各代表队名单。
（6）大会活动及竞赛日程。
（7）其他有关内容。

（五）组织领队、教练员、裁判员联席会

在教练员和运动员报到后，要及时组织召开领队、教练员与裁判员共同参加的联席会议，通报相关情况。联席会主要任务如下：
（1）向各参赛队提出要求和有关规定。

(2)最后确认参赛运动员名单。
(3)通报有关情况,就各队提出的问题交换意见。

(六)裁判员、教练员赛前培训

竞赛规则如有变动,一般由主办单位于赛前三个月举办裁判员、教练员学习班,举办方法和形式由主办单位视竞赛性质、规模而定。大会指定裁判员须提前报到,进行赛前培训及实习准备工作。

二、中国式摔跤竞赛程序

(一)竞赛程序

根据竞赛的性质、规模、条件的不同,组织者进行合理、科学、系统的竞赛组织工作,力求做到高效、简练、易于操作。以下为基本竞赛程序:

(1)确定比赛性质、规模、时间、地点等。
(2)制定竞赛规程。
(3)向参赛队发通知或邀请函。
(4)报名(一式两份,至主办和承办单位)。
(5)安排赛程,编排秩序册。
(6)落实场地、器材等,做好赛前准备工作。
(7)选派裁判员,并安排赛前培训。
(8)参赛队报到。
(9)组织召开联席会议,通知有关事宜。
(10)安排组织抽签。
(11)安排各队赛前训练、裁判员实习。
(12)编排比赛场次,安排场地。
(13)根据竞赛规模大小,可以适时举行或不举行开幕式、入场式。
(14)按赛程进入比赛阶段:①称量体重;②抽签;③每场比赛具体程序按规则要求进行;④记录并公布比赛成绩;⑤产生下一轮比赛秩序。
(15)计分和录取名次。
(16)闭幕式及颁奖仪式。
(17)裁判工作总结。

（18）印制发放竞赛成绩册。

（19）参赛队及裁判员离会。

（二）记分与录取方法

1. 全国和省市级比赛计分方法

（1）前三名分别奖励金、银、铜牌和比赛获奖证书。

（2）前六名或前八名颁发证书。

2. 根据比赛性质和参赛人数、技术水平、经费等可自行制作奖励办法

（1）参赛人数少于4人，录取1名。

（2）参赛人数少于6人，录取前3名。

（3）参赛人数少于8人，录取前5名。

（4）参赛人数8人以上，录取前6名或前8名。

（5）前3名分别奖励金、银、铜牌。

（6）奖励团体前三名、录取前六名时，第一名计7分、第二名计5分、并列第三名各计3.5分、并列第五名各计1.5分。录取前八名时，第一名计9分、第二名计7分、并列第三名各计3.5分、并列第五名各计2.5分（再附中国式摔跤竞赛规程一份）。

第二节　竞赛的编排

编排工作是中国式摔跤竞赛组织的重要组成部分，合理的编排将为中国式摔跤竞赛工作的顺利开展奠定基础。编排组在开展这项工作之前，要学习规程，掌握报名情况，最后根据赛事的具体情况和编排的基本规律展开编排工作。

一、编排工作的目的和任务

编排是体育竞赛工作的重要内容之一。竞赛程序编排得是否合理可直接影响比赛的顺利进行，所以一定要编排好比赛秩序。编排方案以竞赛规程和竞赛规则的各种规定为依据，将所要进行的全部比赛科学、合理地安排在所具有的场地上。合理的编排可节省总的比赛天数，减少运动员、教练员食宿的开销；可以最大限度地满足运动员、教练员、观众和新闻媒体的需求；可按一定的秩

序在规定的日期、时间、场地上确定全部的比赛工作；可影响运动队、裁判组，以及大会各方面的工作人员和观众，影响场馆、交通、住宿和其他各项保障工作，更重要的是会影响电视转播，也影响比赛收益，同时也影响运动员技术水平的发挥和运动成绩的好坏。因此，编排工作十分重要，它是赛会圆满完成的保证，所以编排记录人员必须要以严肃认真的态度，科学、周密、准确无误地做好这项工作。

二、编排工作程序

（一）学习规程，掌握概况

（1）大会期限、比赛天数、活动日程安排、开闭幕式时间。
（2）了解比赛规模、赛制等，如参赛队数、报名人数、组别、项目、级别等。
（3）各项录取名额、计分方法及奖励办法。
（4）比赛场地数量和设施情况。
（5）裁判员人数、裁判水平等。

（二）统计、计算、审查、核实等工作

（1）审查报名表（资格、项目、年龄、姓名）。
（2）做好各项统计（各项目、组别、级别、抽签器材、场地器材）。
（3）计算比赛所需时间。
（4）准备各种比赛表格（称量体重表、比赛秩序表、临场计分表、出场顺序表、日程表、秩序册、证书、奖牌、证章和成绩册等）。

三、编排工作方法

（一）绘制竞赛日程表

计算时间、计算每单元比赛场数、每块场地比赛场数，并排出每块场地出场顺序表。

（二）分组并核实人数

根据参赛人数，按级别进行分组。核实各级别人数，不能遗漏。

（三）具体工作时注意事项

（1）如两块场地同时进行比赛时，两个场地应安排不同项目，使同一级别在同一场地上比赛，男、女运动员应尽可能穿插比赛。
（2）核对：所有级别编排后，必须核对各组别、级别、人数、姓名。
（3）抽签：确定淘汰赛位置，注意种子、轮空号码位置是否合理。
（4）按抽签后的号位编排出场顺序表。

四、编排的原则

竞赛秩序编排得是否合理，直接影响比赛的顺利进行。由于编排工作灵活性很强，主观因素的影响很大，因此在编排时要掌握和遵循下列原则：

1. 机会均等的原则

在安排运动员比赛场次时，应尽量使参赛运动员上午和晚上的场次接近平衡，做到比赛机会均等。基层比赛限于条件和水平应因地制宜地进行。

2. 服务比赛的规则

为了保证运动员得到合理休息，不能连场更不能重场，每场至少间隔15分钟。编排工作要控制整个比赛的节奏，有意在每个场地留有一定的空余时间，以使比赛延误或提前时得以补充，防止发生全场"空场"。

3. 兼顾裁判员和观众的原则

中国式摔跤动作瞬息万变，裁判员必须全神贯注才能做到评分公正、准确。为使裁判员在场上注意力高度集中，每个裁判组连续工作不得超六场的比赛时间。中国式摔跤的正式比赛一般都使用两块场地，两块场地编排的场次和水平要注意比例和配重，防止出现"一头沉"的现象，即精彩的场次和早结束的场次全集中在场地的一侧。

4. 以竞赛规程和规则为指导的原则

（1）如果设种子，应按照参赛人数和接近这次比赛同等规模的前八名设为种子。也可不设种子，按抽签定位（注：升、降级的运动员不能定为种子）。

（2）采用循环制的级别，同一单位两名以上运动员必须在第一轮进行比赛，如果不是第一轮相遇，应调号解决。

（3）超重或没有称重的运动员，按规则取消比赛资格。

（4）采用循环制的级别，同一单位两名以上运动员必须在第一轮进行比赛，如果不是第一轮相遇，应调号解决。

五、竞赛的赛制

赛制是指竞赛方法，也可称为竞赛办法。目前，中国式摔跤竞赛方法主要选用淘汰制和循环制两种赛制，无论选用哪种赛制必须要遵守其基本原则。

淘汰制一般采用：①单败淘汰制②双败淘汰制。

循环制一般采用：①单循环制②分组循环制。

（一）单败淘汰制

在采用单败淘汰制赛事中，失败者即被淘汰，胜者参加下一轮比赛，直到最后一场，比赛胜者为整个竞赛的冠军。

1. 单败淘汰制的特点

（1）败一次即被淘汰。

（2）最后一场是冠亚军决赛。

（3）适合参赛人数多、时间短、场地极缺的赛事。

（4）不考虑同单位相遇问题，以抽签定位为准。

2. 单败淘汰制轮数和场数的计算

如果参赛运动员（队）数为 R ，而号码位置数为 2^n ，单败淘汰制的轮数 $=n$ ，场数 $=R$ （人数）-1 。例如，30人参加比赛时， $R=30$ ，号码位置数为 $32=2^5$ ，轮数则为5。

3. 轮空、轮空数与轮空位置

在单败淘汰赛的第一轮，由于参赛人数在大多数情况下都不等于2^n，而要除第一轮外，每轮比赛的人数均为符合2^n的数，就必须补足位置，使第一轮的位置刚好为2^n。补足的虚设参赛运动员位置，叫作轮空。

$$轮空数=号码位置数-参赛运动员数。$$

例如：28人参加一个级别的比赛，应选择32为号码位置数，轮空数=32-28=4。

轮空位置：虚设参赛运动员的号码即为轮空位置。轮空位置的分布应是均匀的，各区之间的差值不得大于1。赛前可从轮空位置表上查出所需要的轮空位置（表4）。

表4　轮空位置表

2	63	34	31	18	47	50	15
10	55	42	23	26	39	58	7
6	59	38	27	22	43	54	11
14	51	46	19	30	35	62	3

查表方法：首先确定号码位置数和轮空数，然后按照轮空数依次从左到右摘出小于比赛位置数的号码，即为轮空号码。

例如：某个级别有22人参加比赛，应选择32为号码位置数，轮空数=32-22=10，即10个轮空位置。从轮空位置表中可以查出2、31、18、15、10、23、26、7、6、22这10个数即为轮空号码位置。

4. 种子与种子位置

种子：为了部分地克服单败淘汰制中名次的不合理性，一般采取在抽签前根据一定的原则确定一些参赛运动员为强手，即种子选手，简称种子。在抽签时按照规则将他们避开，尽量晚些相遇，使最强的两位运动员在最后相遇。

种子位置：种子所在的号码位置即为种子位置。种子位置的分布应是均匀的，各区之间的差值不得大于1。赛前可从种子位置表上查出所需要的种子位置（表5）。

第八章 中国式摔跤竞赛的组织与裁判

表5 种子位置表

1	64	33	32	17	48	49	16
9	56	41	24	25	40	57	8

5. 单败淘汰制的抽签

抽签是确定参赛者在淘汰制中号码位置的一种方法。基本要求是将种子和同单位的参赛者合理分开，均匀分布。大型比赛要有仲裁、裁判长、各参赛单位代表进行赛风监督。中国式摔跤比赛必须在本人称完体重合格后，立即抽签。

抽签方案：

（1）在对参赛者进行资格审查后，统计各个比赛项目的参赛人数，汇总报名单的结果，可印发或抄写出来，以供研究和确定具体的抽签方法和编排方案。

（2）确定比赛的号码位置数和"轮空"或"抢号"的位置。

（3）确定种子数量和名单。

（4）根据参赛者人数情况，制订相应的分区控制表，依据各参赛单位在竞赛规程中的排列顺序、报名时间的先后、种子队员的多少、参赛人数的多少或单位字头的笔画数等方法，来确定抽签的次序。

6. 单败淘汰制中的附加赛

有时比赛需要确定全部比赛名次，例如，奥运会必须决出前三名，因为前三名分别为金、银、铜牌的获得者。而采用标准的单败淘汰制的比赛无法做到这一点，所以必须增加附加赛。但一般来讲，比赛进入附加赛阶段，运动队和运动员对此兴趣不大，比赛并不好看，有时多数运动员存在抵触情绪，所以，现在的规则改成确定名次为淘汰赛时直接产生第一名、第二名，负于第一名、第二名者并列第三名，依次类推。

（二）双败淘汰制

双败淘汰制是中国式摔跤竞赛编排的另一种常赛制，也是体育竞赛的一种基本比赛办法。它是在单败淘汰的基础上进行编制的，胜者向右排为正轮，负者向左排为负轮，输两场即被淘汰，而正轮最后一场比赛为冠、亚军决赛。

1. 双败淘汰制编排原则

（1）编排号码位置数必须符合2的乘方数，即2^n，与单败的编排原则相同，若参加人数不够2^n时，采用增设轮空号码予以补足成2^n数，或采用抽签抢号的办法予以解决，使之从第二轮起符合2^n数，而轮空号码位置与种子号码位置的确定，必须以轮空位置表和种子位置表为准。

（2）凡输两场即被淘汰，正轮最后一场比赛为冠、亚军决赛。

（3）淘汰制需考虑同单位两名运动员在第一场相遇问题，并以抽签为准。

（4）运动员比赛号码定位，以称重时当场运动员抽签为准。

2. 双败淘汰制场数和轮次的计算（图117）

（1）场数：总场数=$2R-4$（R为参赛人数）。

（2）轮数：总轮数=$3n-3$。

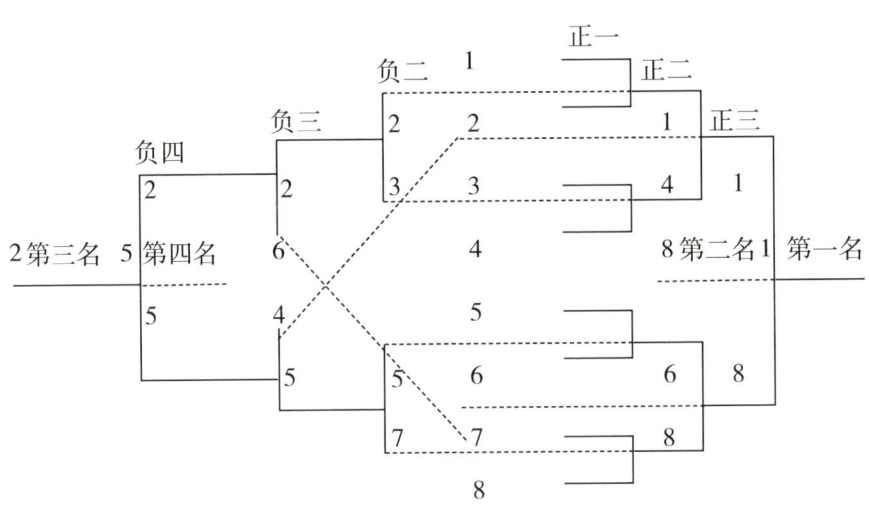

图117　8人双败交叉对阵图

3. 双败淘汰制的抽签

同单败淘汰制的抽签。

（三）循环制

单循环制：参加比赛的队员之间轮流比赛一次为单循环制。

分组循环制：根据赛事情况分两组、三组、四组进行比赛，最后确定晋级

第八章　中国式摔跤竞赛的组织与裁判

决赛名次参加决赛。

优点：有利于通过比赛全面互相交流学习；比赛结果的偶然性和机遇性小，能较准确地反映各参赛队（人）的技术水平，能较为合理地排出比赛名次。

缺点：场次多，比赛时间长；无法知道何时是冠、亚军决赛，易产生摔假跤的现象。

1. 循环制的抽签

中国式摔跤由于大级别和小级别报名的人数较少，一般在6人以下时都采用单循环制的办法。

6人以下参赛时，有几个人就做几个人的签号，如1、2、3、4、5、6。每名运动员固定一个号。

2. 循环制顺序轮转表

（1）固定左上角逆时针循环编排法：比赛采取1号位固定，其他号位为逆时针旋转的方法。以6人为例：从数字号码"6"开始往左边由上而下、右边由下而上排列成双列（表6）。

表6　循环制顺序轮转表（偶数）

一轮	二轮	三轮	四轮	五轮
1—6	1—5	1—4	1—3	1—2
2—5	6—4	5—3	4—2	3—6
3—4	2—3	6—2	5—6	4—5

（2）参赛者（队）数为奇数的编排法：第二轮是1号位固定不动，其他号位按逆时针方向旋转一个位置，直到恢复第一轮的前一轮为止。如果参加的人（队）数是单数最后用"0"补成完整的双列。如5个人（队）的排列如下：（表7）

表7　循环制顺序轮转表（奇数）

一轮	二轮	三轮	四轮	五轮
1—0	1—5	1—4	1—3	1—2
2—5	0—4	5—3	4—2	3—0
3—4	2—3	0—2	5—0	4—5

这种编排方法将出现一些因轮空休息带来的不合理现象，如参赛人数是大于"4"的奇数时，从第四轮开始出现序号为n-1的选手遇到的都是上一轮轮空的选手。采用"0"号固定左上角，其他逆时针2旋转可避免，如表8所示：

表8　循环制顺序轮转表（"0"固定位置）

一轮	二轮	三轮	四轮	五轮
0 — 5	0 — 4	0 — 3	0 — 2	0 — 1
1 — 4	5 — 3	4 — 2	3 — 1	2 — 5
2 — 3	1 — 2	5 — 1	4 — 5	3 — 4

3. 循环制轮数和场数的计算

（1）轮数：人数为奇数时，轮数=人数。

人数为偶数时，轮数=人数–1。

例：5人参加比赛时，轮数=5。

　　6人参加比赛时，轮数=6-1=5。

（2）场数的计算：场数=人数×（人数–1）÷2。

例：5人参加比赛：场数=5×（5-1）÷2=10。

　　6人参加比赛：场数=6×（6-1）÷2=15。

（四）竞赛表格（表9～表14）

表9　中国式摔跤循环制成绩表

组　公斤

编号	姓名	单位	1	2	3	4	5	6	比赛成绩			备注
									获胜场次	积分	名次	
1												
2												
3												
4												
5												
6												

总裁判长　　　　　记录组长

表10 16人双败淘汰制对阵表

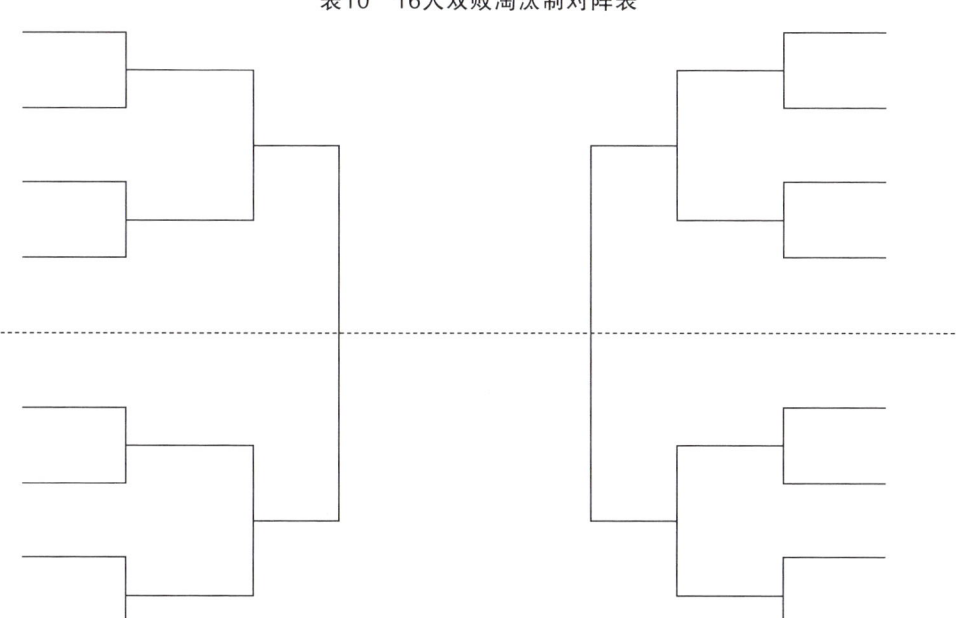

表11 名次表

名次 姓名 （单位）	第一名	第二名	第三名	第四名	第五名	第六名	第七名	第八名

表12　中国式摔跤运动员称重体重纪律表

级别：　　公斤　　　　　　　　　　　　　　　　　　　年　月　日　时

序号	单　位	姓　名	体重	抽签号	运动员签名
1					
2					
3					

裁判员：　　　　　　　　记录员：

表13　中国式摔跤比赛出场顺序表

　　　　　　台　　　　　　　　　　　　　　　　　　　年　月　日　午

场次	级别	轮次	姓　名（单位）红　方	—	姓　名（单位）蓝　方
1					
2					
3					

表14　中国式摔跤比赛场上积分表

组别　　级别　　轮　场　台　　　　　　　　　　　年　月　日　午

跤衣颜色	单　位	姓　名	得分、警告		总计	备注
			上半场	下半场		
红方						
蓝方						

裁判长：　　　执行裁判长：　　　主裁判：　　　记录员：

第三节　竞赛规则简介

竞赛规则是推动项目健康发展和引导项目科学训练、比赛的重要指南。中国式摔跤本着继承与发展、普及与提高、传统与创新相结合的原则，坚持继承传统和开创未来、保持原味和适应现代的思想理念制定竞赛规则。

通过竞赛规则的杠杆作用，最大限度地展现中国式摔跤快速、多变、主动、连贯的精髓；鼓励积极进攻，鼓励高难度、大幅度的技术动作，增强对抗性，提高观赏性；最大程度地激发运动员主动进攻意识，限制消极防守行为，完美展现中国式摔跤项目魅力，力求做到观众易懂、裁判易判。

一、比赛场地

（1）比赛场地：竞赛台为宽16米×16米，高60~80厘米的正方形比赛台；比赛场地为14米×14米表面覆盖革制盖单的正方形比赛垫子。

（2）比赛垫子为厚度6~8厘米，硬度25~30度，渗透深度小于或等于38毫米，接触回弹时间小于或等于50毫秒，能量吸收大于或等于70%，最大加速瞬间碰撞强度小于或等于30克的EVA材质的摔跤垫子。

（3）比赛区：是指场地中心直径为9米的圆形区域，比赛区域颜色明显区别于保护区。

（4）保护区：比赛区外部边沿至比赛垫子外部边沿区域为保护区。

（5）比赛开始线：比赛区中间相距3米各标出红蓝线（开始线），面向裁判台左红右蓝，开始线长60厘米、宽6厘米。

（6）运动员出场线：位于红方、蓝方一侧的比赛区外侧，出场线长60厘米，宽6厘米。

二、比赛器材和办公耗材（根据实际设立比赛场地数量准备）

（1）公制计重器数台（能精确到小数点后两位数的计重器：每个运动队驻地2台，称重室4台）。

（2）计时钟2台，备用；示分器2个，备用。

（3）秒表3块，红、蓝色标识袖标各16个。

（4）电子计分系统电脑5台，操作密匙若干。

（5）计分系统电脑扩音音响2套（音箱型号为中号或大号）。

（6）计时、成绩显示电视屏幕6块。

（7）单音哨每个比赛台1个。

（8）双音哨每个比赛台1个。

（9）铜锣每个比赛台1套，备用。

（10）移动接线板（120米）4套，电源线、音响线若干。

（11）摄像机8台。

（12）打印机2台。

（13）复印机1台。

（14）打印纸若干。

（15）记录表格：临场记分表、运动员称重表、教练员临场书面申诉表、临场弃权表、比赛对阵表、各级别轮次编排定位表。

（16）笔若干。

（17）桌、椅若干。

（18）得分及判罚牌：得分及判罚牌直径20厘米、把长20厘米，两面内容相同。

①得分牌：每个比赛台10块分别是红底白字1分、3分各2块，蓝底白字1分、3分各2块，白牌互不得分2块。

②警告牌：每个比赛台4块，红色、蓝色警告牌各2块。

③罚出场牌：2块，红色（可共用红色警告牌）。

（19）赛场主扩音设备一套。

（20）场地灯光：灯光照度不低于1500LUX（勒克斯）。

（21）"布绒吉祥物"8个，用于教练员临场申诉使用。

（22）网络网线（10兆）。

三、服装

（一）跤衣

（1）布料成分为全棉或含棉不低于70%的棉布，不可过厚、过硬或者过滑，撕拉强度不少于2000牛顿。布料重量为：成年组1400克/米^2、青年组1140克/米^2，面料应有凹凸纹路。

（2）颜色：跤衣颜色为白色。跤衣衣襟、袖口边缘缝有3.5厘米宽的红色或蓝色的色带。

（3）跤带：跤衣带子宽度为3.5厘米、厚度为0.6厘米，颜色为单色（白色、红色或蓝色）。扎腰带时跤带必须穿过穿孔由腹前绕至后腰，第二圈再绕回腹前打扁结，打节后带子余长35～40厘米。

（4）运动员着跤衣后，抬肘关节与肩关节齐平后屈臂90°，袖口尺寸不小于8厘米。

（二）跤裤

（1）跤裤布料为全棉或含棉量不低于70%的棉布，颜色与跤衣相同，沿裤缝外侧分别缝有3.5厘米宽的红、蓝色带。
（2）跤裤为直腿裤，底部与踝骨持平。

（三）跤鞋

（1）跤鞋为软底高腰跤鞋。
（2）跤鞋颜色与跤衣颜色一致或黑色。
（3）禁止使用底部为深颜色的跤鞋。

四、比赛礼仪

（一）着装礼仪

（1）运动员上场之前，必须按本规则第三条规定着装。跤衣、跤裤边条和跤带的颜色要一致。
（2）比赛进行中，运动员须经场上裁判员指令才可整理服装。
（3）女运动员跤衣内必须穿白色无袖带弹力的紧身上衣，不得穿戴有金属或其他硬质框架的胸罩。

（二）仪表礼仪

（1）运动员仪表要整洁大方，皮肤暴露处不得涂抹油脂或油彩。
（2）运动员不得佩戴各种首饰、硬质发夹及硬质护件。
（3）运动员的头发和男性胡须应长于10毫米或刮净，长发必须编扎。
（4）运动员的指甲不得长于1毫米。

（三）礼节礼仪（抱拳礼）

（1）立正姿势，两臂上抬至胸前呈环形，右手握拳、拳眼向下颌，左手五指并拢、拇指微屈、掌心压在右拳四指部位。两手合拢瞬间，向前略推。

（2）比赛开始前，运动员站在场地出场线，裁判员做出进场示意手势后方可进场。进场后站在开始线向对方致抱拳礼。

（3）比赛结束，运动员站在开始线，待场上裁判员宣判结果后，运动员相互致抱拳礼后退场。

五、竞赛性质

（一）个人竞赛

以个人在所属级别所取得的成绩，确定个人名次。

（二）团体竞赛

（1）以每个团体所有被录取运动员的成绩积分总和，确定团体名次（具体要求以竞赛规程规定为准）。

（2）以所属团体之间比赛成绩确定名次。

六、竞赛制度

（1）单败淘汰赛制。

（2）复活赛制。

（3）循环赛制或其他赛制。

七、年龄组别及体重级别

（一）年龄组别

（1）男、女成年组：18周岁以上。

（2）男、女青年组：15～17周岁。

（3）男、女少年组：12～14周岁。

（二）体重级别

1. 男子

成年组：52公斤、56公斤、60公斤、65公斤、70公斤、75公斤、82公斤、90公斤、100公斤、100公斤以上。

青年组：48公斤、52公斤、56公斤、60公斤、65公斤、70公斤、75公斤、82公斤、90公斤、100公斤。

少年组：40公斤、44公斤、48公斤、52公斤、56公斤、62公斤、68公斤、75公斤。

2. 女子

成年组：48公斤、52公斤、56公斤、60公斤、65公斤、70公斤、75公斤、82公斤。

青年组：44公斤、48公斤、52公斤、56公斤、60公斤、65公斤、70公斤、75公斤。

少年组：40公斤、44公斤、48公斤、52公斤、56公斤、62公斤、68公斤。

八、称量体重和抽签

（1）称量体重的工作由总裁判长领导，安排负责人组织裁判员组成称重组进行称重工作，由检录长组织开展检录工作。

（2）比赛的前一天统一进行称量体重，运动员应赤足穿短裤（女运动员穿贴身上衣）进行称重。

（3）运动员在第一次称重时，体重低于或高于报名级别，可在30分钟内复称1次，超时或在规定时间内称重达不到报名级别体重标准即为弃权（未称重运动员即为弃权）。

（4）抽签：抽签工作是在技术会议确认运动员相关信息后，由人工或电脑进行抽签（根据竞赛规程规定执行），根据抽签结果进行编排。

九、赛事安排与竞赛时间

（一）赛事安排

每个级别的比赛在一天内结束，同一运动员每场比赛之间的间隔时间不少于10分钟。

（二）竞赛时间

成年比赛每场比赛净时6分钟，上、下半场各3分钟，局间休息30秒。

青年和少年比赛每场比赛净时4分钟，上、下半场各2分钟，局间休息30秒。

十、比赛中的信号

（一）上场信号

场上裁判员做出两臂侧平伸后向上呈90°弯曲，掌心向内，召集运动员从比赛区外侧上场。

（二）开始比赛信号

场上裁判员发出"预备（yubei），开始（kaishi）"口令，运动员开始比赛。

（三）停止比赛信号

场上裁判员发出"停（ting）"的口令，运动员停止比赛。

（四）比赛结束信号

以电子计时系统鸣哨或鸣锣为准。

十一、临场教练员指挥及申诉程序规定

（1）教练员1人必须着装整洁坐姿端正在指定席位上指挥。

（2）比赛进行中，教练员不得进入比赛区域，不得用语言、手势等不文明行为侮辱裁判员及干扰裁判员执裁。

（3）临场申诉：教练员对比赛判罚有异议时，必须在场上裁判员宣判后3秒内起立，向场内抛掷"抛掷物"提出申诉。如教练员申诉成功，则退还"抛掷物"，教练员依然享有申诉权；如申诉失败维持原判，则收回"抛掷物"，取消该场教练员临场申诉权。

（4）如果教练员仍对场上判罚存在质疑，也可在本场比赛结束后，按规定程序向仲裁委员会提出书面申诉（书面申诉后比赛结果改判与否由仲裁委员会决定）。

第四节　裁判法

中国式摔跤裁判法是比赛中判罚技术使用成功与失败的方法和依据。中国式摔跤裁判员必须精通并执行合理的执裁方法与尺度，不断提高执裁水平，以利于实现裁判工作的统一和规范，营造公平、公正、公开的比赛氛围。

一、进攻有效与无效

（一）进攻有效

（1）在比赛区内将对方摔倒着地在保护区。
（2）在比赛区内将对方摔倒着地后，自己踏入或跌入保护区。
（3）在比赛区内将对方摔倒着地与自己踏入保护区同时发生。
（4）将对方摔倒着地与裁判员暂停口令同时发生。
（5）将对方摔倒着地与鸣哨（锣）同时发生。
（6）使用动作者使用的动作符合技术动作结构逻辑。

（二）进攻无效

（1）使用犯规动作和踩踏对方脚进攻。

（2）场上裁判员叫停后仍然进攻。
（3）将对方摔倒着地在鸣哨（锣）之后发生。

二、得分标准

得分判定依据：除特殊技术动作使用结构外，任何一方运动员身体除两脚以外的任何一点着地便输分，分值是以双方运动员的最后身体状态及运动员身体着地部位为判分依据。具体得分标准如下：

（一）得3分

将对方摔成头部、躯干、肘部、臀部着地，自己保持两脚站立。

（二）得1分

（1）将对方摔成头部、躯干、肘部、臀部着地，自己第三点随之触地或支撑。
（2）将对方摔成手、膝部着地。

（3）对方身体任何部位接触保护区。
（4）对方或对方教练员受到1次警告。

（三）互不得分

（1）双方同时着地。
（2）双方同时出界。

（四）特殊说明

（1）使用跪腿摔成功：得1分。
（2）使用跪腿摔未成功：虽然膝盖着地，但能迅速站立，不失分；反之则判罚失1分。
（3）使用技术动作将对手摔倒着地后，自己手撑在对手身体上判定未保持两脚站立，失去重心。

三、犯规

（一）侵人犯规

（1）使用反关节动作有意伤害对方者。
（2）以手、肘、膝、头部击打和撞击对方或抓对方生殖器官者。
（3）用脚踢对方或踢弹对方小腿中部以上部位或蹬踹对方者。
（4）按压对方眉口之间的面部、咽喉或抓对方头发者。
（5）双手搂抱对方头、颈者。
（6）已将对方摔倒，还故意压砸对方者。
（7）将对方抱起使之失去控制能力，仍将对方头朝下垂直下摔，有意伤害对方者。
（8）立肘向下砸对方手腕拆把者。

（二）技术犯规

（1）场上裁判员发出开始口令之前或叫停之后，仍然进攻者。
（2）比赛进行中，临场教练员干扰比赛或进入比赛场地者。
（3）比赛进行中，自行停止比赛者。
（4）比赛中抓对方裤子者。
（5）女运动员故意撕扯对方内衣者。
（6）比赛进行中，跤衣带、跤鞋带松开者。
（7）不符合本规定着装仪表、礼仪者。
（8）上场比赛运动员比赛服装经场上裁判员检查，如不符合规定，可更换一次服装，计时1分钟，如超时则判罚技术犯规警告。

四、消极

消极是指运动员在比赛中没有实质性进攻意图的行为。
（1）故意逃避比赛者，不受时间限制立即处罚。
（2）倒地后不立即起身，拖延比赛时间达5秒钟者。
（3）比赛进行中，用头顶住对方；无论运动员把位是否有利，只要没有实质性进攻或反攻动作；不积极抢手、不抓握跤衣、不积极进攻、无进攻意图；拖延比赛时间达15秒者。

（4）比赛开始60秒内，双方运动员均没得分，裁判员应根据运动员在场上的表现，对相对消极的一方运动员进行消极处罚。

五、检录

（1）运动员必须持有效证件在赛会指定检录处检录，合格后方能参赛，运动员跤衣不合格者禁止上场比赛。

（2）检录人员应对运动员是否佩戴各种饰物及硬质护具、跤衣、跤鞋、跤裤等认真检查。

（3）检录合格后的运动员必须在指定的候场处等待。

六、罚则

（1）检录后的运动员应在指定位置候场不得离开，在宣告员宣告出场比赛1分钟后未能上场比赛者按弃权处理。

（2）比赛期间，运动员无故弃权，取消本人全部成绩。

（3）教练员违反第十一条第一款或第二款，第一次违反给予警告处罚，第二次违反给予判罚出场的处罚。

（4）凡触犯"侵人犯规"条例的运动员，根据情节轻重，给予警告或直接取消该场比赛资格处罚。

（5）凡触犯"技术犯规"条例者，给予警告处罚。

（6）凡出现"消极"行为之一者，给予"警告"处罚。

（7）比赛中，一方犯规，情形对犯规者有利时，立即停止比赛，按规定给予处理；如对犯规者不利则等该进攻动作结束后再叫停，并按规定给予处理。犯规者将对方摔倒不得分，并给予处罚；如犯规者被对方摔倒，则判对方得分，并追加犯规者的处罚。

（8）比赛中，一方运动员受到4次警告，则取消该运动员本场比赛资格，宣布对方获胜。

（9）伤停判定：比赛进行中，一方运动员因受伤（非犯规导致）而不能比赛时，场上裁判员暂停比赛，但暂停时间累计不能超过2分钟；如果受伤者累计超过2分钟仍不能参赛，则判受伤运动员本场负，保留其技术得分（大会医生处理伤势时间除外）。

七、判定胜负

（1）累计得分多者胜。

（2）优势获胜。比赛中双方得分累计分差达6分时，即终止比赛，判得分多者优势获胜。

（3）双方得分相同，技术分多者获胜；若技术分相同，则判得3分多者胜；若再相同，则判最后得分者胜。

八、名次的确定

（一）个人淘汰赛名次

个人淘汰赛时直接产生第一名、第二名，负于第一名、第二名者为并列第三名，负于第三名者为并列第五名，依次类推。

（二）个人循环制名次

（1）循环制时，全部比赛结束后，按积分（即计分的总和，循环制胜1场积2分，输1场积1分，弃权1场0分）的多少确定个人名次，积分多者名次列前。

（2）如两人积分相等，则按两人在比赛中的胜负确定名次，胜者名次列前。

（3）如两人以上积分相等，则以他们之间的比赛胜负确定名次。

（4）如两人以上积分相等又为循环互胜，技术分多者名次列前，其次获3分多者名次列前，如再相同，体重轻者名次列前。若两人体重相同，胜者名次列前。若三人体重还相同，进行附加赛确定名次排列。

（5）参加预赛或决赛的场数不到一半者，成绩全部作废，不计名次，曾与其比赛的对方成绩均予注销。

（6）参加预赛或决赛的场数已达到或超出一半时（如应赛6场，已赛完3场或3场以上）应按其积分确定名次，其余未进行比赛的场次，均按弃权论处。

（三）团体名次

（1）按各单位运动员在各级别比赛中被录取最好名次的总和确定名次，得分多者名次列前。

（2）如遇两个或两个以上单位团体积分相等，获得第一名多的单位名次列前；如再相等，获得第二名多者名次列前，依次类推。

（3）团体对抗赛时，以循环制或淘汰赛赛制进行比赛。

（4）录取方法及每个级别录取前几名及每个名次各得几分，由主办单位在竞赛规程中规定。

九、裁判人员的组成

（1）技术代表、总裁判长、副裁判长。

（2）每场比赛：执行裁判长、场上裁判员、侧面裁判员、电子计时记分裁判员、检录裁判员。

（3）编排记录长、编排裁判员。

（4）检录长、检录裁判员。

（5）宣告员。

（6）医务监督。

（7）根据比赛规模可酌情安排裁判员和工作人员的人数。

（8）每场比赛由执行裁判长、场上裁判员、侧面裁判员、电子计分裁判员四人组成裁判组，由执行裁判长和侧面裁判员分别对该场比赛的得分做记录并填写比赛结果。

十、裁判人员的职责

（一）技术代表

（1）解释规则。

（2）处理临场比赛录像审议，如果意见不统一，则请仲裁参加，最后以少数服从多数来决定判罚。

（3）当裁判员的判定不一致时，可做最后决定。

（二）总裁判长

（1）领导裁判人员，负责裁判组的组织工作。
（2）比赛前对场地器材和设备进行总的检查。
（3）裁判员不称职或发生严重错误时，可建议竞赛委员会给予相应的处理，必要时可停止裁判员职务。
（4）如遇特殊情况（不可预见性）影响比赛时，可决定是否继续进行比赛。
（5）审定、签署和宣布比赛成绩。
（6）比赛结束后及时作出书面总结。

（三）副裁判长

（1）协助总裁判长领导裁判组工作，总裁判长缺席可以代行总裁判长职责。
（2）协助总裁判长组织管理裁判组。

（四）执行裁判长

（1）比赛开始前检查本场地比赛的用具和比赛场地，准备好记分表，每场比赛记分表由执行裁判长填写。
（2）比赛中监督电子计分裁判员、检录裁判员工作。

（3）比赛中在接到场上裁判员和侧面裁判员判定的得分信息后，即刻判定出得分结果，并举牌示众。如场上裁判员和侧面裁判员所判分值不统一时，执行裁判长可采纳其中一方意见并举牌示众。如执行裁判长持有第三种意见，可召集场上、侧面裁判员合议并将结果示众。如合议意见不能统一时，报（技术代表组）审定，如仍无法统一，则报仲裁决定。

（4）根据场上情况，判定运动员的得分、处罚、获胜、弃权、取消比赛资格，以及对教练员的处罚等事宜。
（5）比赛结束，审核、签署比赛成绩记录表。

（五）场上裁判员

（1）检查运动员服装是否符合规定，运动员服装如不符合规范，要求运动员更换服装。
（2）严格执行规则，用手势和口令指挥运动员上场进行比赛、下场、行礼和临场治疗等事宜。
（3）判定运动员的得分和判罚情况，并第一时间用手势示众，然后按执行裁判长的最后判定结果宣告得分和处罚情况。
（4）处理场上的相关事宜，宣告本场比赛结果。

（六）侧面裁判员

（1）在侧面裁判工作台就坐，对运动员得分、犯规等情况及时表达自己的意见并举牌示意。
（2）及时向执行裁判长举牌示意教练员的违规情况。
（3）填写临场记分表。

（七）电子计时记录裁判员

（1）根据场上裁判员发出的开始和暂停的口令计时。
（2）发出比赛开始和结束的信号，比赛时间结束以电子计分器发出的声音为准。
（3）比赛开始前5秒，发出准备开始的信号。
（4）根据场上裁判员的宣告，负责记分、示分、计时。
（5）遇有伤病等情况时，根据场上裁判员的指示计时，提示疗伤时间，累计疗伤时间达2分钟时，即鸣哨告示（大会医生处理伤势时间除外）。

（八）编排记录长

（1）负责编排组审核最后报名单、抽签及比赛编排工作。
（2）比赛开始2小时前，负责将各级别轮次编排定位表，公示张贴至驻地和赛场的工作。

（3）负责各种竞赛记录表格的准备工作，收集、审查、登记、发布比赛成绩。

（4）负责编制成绩册，填写证书并协助大会发奖。

（5）负责将所有编排记录、成绩录取表、体重表等表格资料整理后上交总裁判长。

（九）检录长

（1）参与称量运动员体重的工作，检查称重器材。

（2）在每场比赛开始前10分钟，负责组织运动员点名，严格执行规则检查运动员的服装及仪表。

（3）比赛前3分钟通知运动员入场，并检查其服装颜色是否与出场顺序表一致。

（4）组织志愿者或工作人员在比赛场地内引领运动员入场、退场的工作。

（5）向裁判台执行裁判长报告弃权运动员名单，向编排长上交运动员弃权表。

（6）检录裁判员在检录长的领导下开展工作。

（十）宣告员

（1）摘要介绍竞赛规程和规则。

（2）宣告每场比赛顺序，报告每场比赛结果。

（3）负责临场的宣传教育工作。

（4）宣告总裁判长确定告知全体参会人员的有关事宜。

（十一）医务监督

（1）审核运动员的"体格检查表"。

（2）负责受伤者的急救工作，对受伤运动员能否继续参加比赛给予建议。

十一、裁判方法

（1）每场比赛由执行裁判长、场上裁判员、侧面裁判员各一名负责比赛的判罚工作。执行裁判长坐在裁判台（距离保护区2米）执裁；场上裁判员在比赛区执裁；侧面裁判员坐在执行裁判长对面（距离保护区2米）。

（2）比赛中当出现运动员"除两脚之外任何一点"着地时（跪腿摔技术根据运动员实际使用情况判定），场上裁判员应即刻发出"停"的口令，并举手示分。侧面裁判员根据自己的观察，举牌示分。执行裁判长如同意其中一方或双方的判决，举牌示分。场上裁判员根据执行裁判长的判定作出宣告。

（3）执行裁判长若与场上、侧面裁判员意见不同时，可召集场上、侧面裁判员商议后判定；如意见不能达成统一时，应报技术代表合议后做出判决；仍不能达成统一时，须报仲裁合议，以少数服从多数的原则判定。

（4）场上、侧面裁判员认为运动员有消极、犯规行为时，应向执行裁判长示意。若场上、侧面裁判员同时示意，则执行裁判长应即刻判定，由场上裁判员宣告。若1位裁判员示意，执行裁判长则根据自己的判断决定是否判定消极。

（5）比赛中教练员出现违反规则行为，场上、侧面裁判员应向执行裁判长提出处罚意见，执行裁判长决定是否处罚；如处罚，由执行裁判长向违规教练员出示警告牌。教练员受第二次警告时，场上裁判员令其离开比赛场地。

（6）出现双方相互抓握对方均无进攻意识的僵局时，可暂停比赛，重新开始。

十二、裁判员的手势、口令及记录工作

（一）场上裁判员手势口令

（1）运动员上场：场上裁判员左手戴红色标识、右手戴蓝色标识站在比赛场地中央面向裁判台，两臂侧平举，手心向上，五指并拢，然后做肘弯曲、两前臂向上90°，手心向内；待运动员走到比赛开始线，两臂下摆，指向双方开始线后，待双方运动员行礼后收臂。

（2）征询比赛开始：场上裁判员面向裁判台立正姿势站立，右臂上举，掌心向前，得到执行裁判长示意后放下。

（3）开始比赛：场上裁判员立正姿势站立，左脚向前跨一步，两臂在体侧下方抬起，与身体成45°，掌心向上，并发出"预备"口令，然后两臂直臂摆动至身体前方呈交叉状，五指并拢，掌心向下，同时发出"开始"口令。

（4）暂停比赛：场上裁判员右臂向前伸直，五指并拢，拇指在上，指向运动员，同时发出"停"的口令。

（5）得1分：场上裁判员面向执行裁判长，一臂（左红右蓝）侧举，前臂成90°向上，伸出食指。

（6）得3分：场上裁判员面向执行裁判长，一臂（左红右蓝）伸直上举，伸出拇指、食指、中指。

（7）红（蓝）方得分：场上裁判员看到执行裁判长裁决后，做出得分手势，发出"红（蓝）方（1、3）分"口令。

（8）互不得分：两臂体前斜下举，掌心向后，然后摆动交叉2次。

（9）消极判罚提示手势：一方运动员消极时，场上裁判员做出一臂侧平举（左红右蓝）五指并拢掌心向下手势，示意消极，若消极一方开始进攻，则停止示意手势。

（10）警告：场上裁判员一臂（左红右蓝）屈肘侧上举，握拳，拳心向前，同时发出"红（蓝）方，消极（技术犯规、侵人犯规）警告一次"口令。

（11）出界：一臂向前伸直，五指并拢，拇指在上，在体侧前后摆动两次。

（12）整理服装：面向需整理服装的运动员，两掌放在左右腰腹处，指尖向下。

（13）宣告胜负：场上裁判员一臂（左红右蓝）向获胜运动员侧上方举起后小幅度落下（约30°），同时发出"红（蓝）方胜"口令。

（二）执行裁判长的执裁动作

（1）开始比赛：执行裁判长端坐裁判台，一臂上举，五指并拢，掌心向前。

（2）暂停示意：鸣单音哨，起立面向场上裁判员，一臂上举，五指并拢，掌心向前。

（3）得分示牌：向得分运动员一侧，举（1分或3分）得分牌。

（4）互不得分：举白牌示意。

（5）处罚示牌：对运动员警告，向被警告运动员上举红色或蓝色警告牌。对教练员警告，向被警告教练员上举红色或蓝色警告牌。

（6）判定胜负：一臂（左或右）侧举，五指并拢，掌心向前，指向获胜一方。

（7）召集场上裁判员：起立，两臂向前抬起、屈肘上举，五指并拢向上，掌心向内。

（三）侧面裁判员的示分动作

（1）得分：面向执行裁判长，举得分牌（1分或3分）。
（2）互不得分：单臂向前举白牌。
（3）处罚：对运动员警告，上举（红或蓝）警告牌。对教练员警告，起立，上举（红或蓝）警告牌。
（4）暂停：侧面裁判员若发现需暂停比赛的情况时，应面向执行裁判长，起立，右臂上举，示意暂停。

（四）记录员记录工作

记录符号：
（1）得分："1"表示得1分；"3"表示得3分。
（2）警告：用符号"O"表示。
（3）最后得分：用符号"—"表示。

十三、附录

竞赛场地示意图如图118所示：

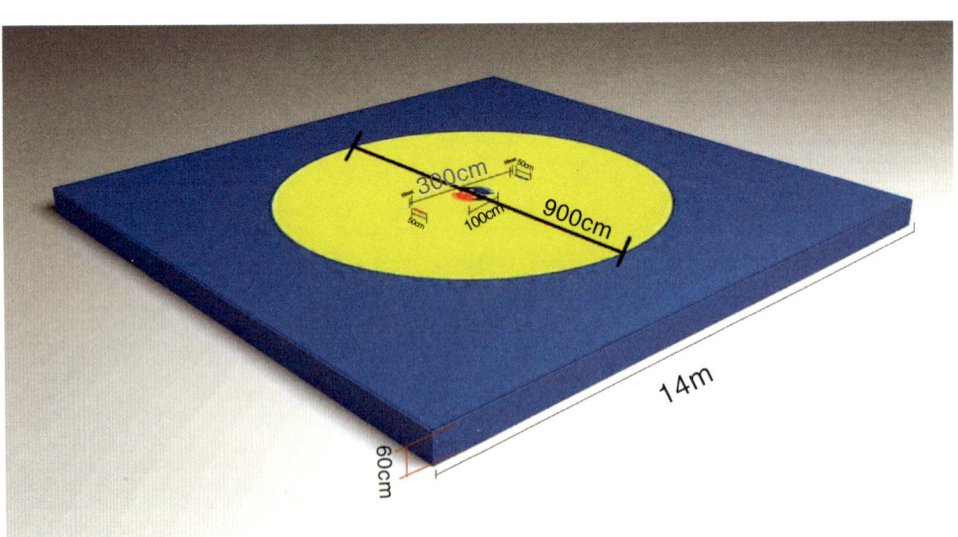

图118 竞赛场地示意图

第八章 中国式摔跤竞赛的组织与裁判

思考题：

（1）中国式摔跤竞赛编排工作方法有哪些？
（2）中国式摔跤竞赛有哪些赛制？
（3）简述中国式摔跤竞赛的得分标准。
（4）总裁判长的职责有哪些？

本章编撰：王建华